„Humani generis unitas"

Das katholische Dogma im
dritten Jahrtausend: Die Einheit
der menschlichen Familie

„Humani generis unitas"

Das katholische Dogma im dritten Jahrtausend: Die Einheit der menschlichen Familie

Impulsgruppe „one human family"

Impulsgruppe „one human family":

„Humani generis unitas".
Das katholische Dogma im dritten Jahrtausend:
Die Einheit der menschlichen Familie

Neuer Textstand 03.12.2015 (Sonderdruck).
Erstveröffentlichung des Beitrags in:

„Es droht eine schwarze Wolke".
Katholische Kirche und Zweiter Weltkrieg.
Erster Band: Lesesaal – Diskussion – Impulse.
Herausgegeben von Peter Bürger im Auftrag von
pax christi, Bundesvorstand und Kommission Friedenspolitik.
Berlin: pax christi – Deutsche Sektion e.V. 2015, S. 283-332.
www.paxchristi.de

Umschlagmotiv (eigenes Foto): Aufnahme auf
dem Fest einer Initiative „world in union" 2015.
Satz & Gestaltung des Sonderdrucks:
www.sauerlandmundart.de 2015

WOLL-Selbstverlag Schmallenberg-Kückelheim
ISBN: 978-9463186704

Inhalt

Impulsgruppe „one human family"

„Humani generis unitas".
Das katholische Dogma im dritten Jahrtausend:
Die Einheit der menschlichen Familie 7

1. Die „gemeinsame Menschheit"
   und eine „neue Kunst des Zusammenlebens" 11
2. Biblische Inspirationen: Babel oder dialogische
   Ökumene? 15
3. Selbstbewusstsein in der Alten Kirche:
   Die Christen als „drittes Geschlecht" und Vorhut
   einer neuen Menschheit 21
4. Zwei unterschiedliche Zugänge: Meister Eckhart
   und Bartolomé de Las Casas 27
5. „Die „Schönheit des Dogmas"? Katholisches Zeugnis
   wider Rassismus, Nationalismus, Militarismus und
   Imperialismus im 19. Jahrhundert 33
6. Benedikt XV. und die katholische Bewegung
   für den Weltfrieden 41
7. Pius XI. als Hüter des Glaubenssatzes
   von der Einheit des Menschengeschlechts 49
8. „Pacem in terris", Weltkirche und Vereinte Nationen:
   Dienst an der Einheit der menschlichen Familie 59
9. Ein Dogma als Fest für den ganzen bewohnten
   Erdkreis 69

„Wir unterscheiden Stämme und Nationen;
aber für Gott ist diese ganze Welt ein Haus."
MINUCIUS FELIX, drittes Jahrhundert

„Man darf keineswegs denen beipflichten, welche den
Fremden den Aufenthalt in der Stadt verbieten wollen,
sie in dem Augenblick, da sie ihnen helfen sollten, fortjagen,
ihnen den Anteil an der gemeinsamen Mutter (Erde) versagen,
deren Erzeugnisse, die [doch] für alle hervorgebracht sind,
verweigern, die bereits eingegangene Lebensgemeinschaft mit
ihnen abbrechen, in der Zeit der Not mit ihnen den Unterhalt
nicht teilen wollen, nachdem sie im gemeinschaftlichen
Rechtsverkehr mit ihnen gestanden.
Die wilden Tiere stoßen ihresgleichen nicht aus: und der
Mensch will den Menschen ausstoßen! Tiere und Bestien
betrachten die Nahrung, welche die Erde darbietet, als allen
gemeinsam; sie sind auch hilfreich gegen ihresgleichen: der
Mensch [aber] will feindselig sein, dem nichts Menschliches
fremd sein sollte!"
Bischof AMBROSIUS VON MAILAND (339-397)
an die Kirchendiener

„Man vergisst, dass das Menschengeschlecht, das gesamte
Menschengeschlecht, eine einzige große allumfassende Rasse
ist. [...] Man muss sagen, dass die Menschen vor allem eine große
und einzige Gattung sind, eine große und einzige Familie von
gezeugten und zeugenden Lebewesen. Auf diese Weise ist das
Menschengeschlecht eine einzige, allumfassende, ‚katholische'
Rasse [...]. Im Menschengeschlecht existiert eine einzige große,
menschliche, allumfassende, katholische Rasse, eine einzige
große und allumfassende Menschenfamilie ..."
PIUS XI.: Ansprache vom 28. Juli 1938 in Castel Gandolfo

„Humani generis unitas"
Das katholische Dogma im dritten Jahrtausend: Die Einheit der menschlichen Familie

> Wie bestimmt man die Stunde, in der die Nacht endet und der Tag beginnt? „‚Es ist dann...', sagte der Rabbi, ‚...wenn du in das Gesicht irgendeines Menschen blicken kannst und deine Schwester und deinen Bruder siehst. Bis dahin ist die Nacht noch bei uns.' "[1]

Mit seinem Rundschreiben *„Laudato si'"* möchte sich der Bischof von Rom, FRANZISKUS, „an jeden Menschen wenden, der auf diesem Planeten wohnt", und „in Bezug auf unser gemeinsames Haus in besonderer Weise mit allen ins Gespräch kommen"[2]. Die „Einheit des Menschengeschlechts"[3] ist in dieser Enzyklika kein Gegenstand dogmatischer Lehrverkündigung, sondern eine Frage des zivilisatorischen Ernstfalls. Die nachfolgende Collage mit einigen ausgewählten Zitaten mag hierzu ein Stimmungsbild vermitteln:

---

[1] DOROTHEE SÖLLE, Sympathie. Theologisch-politische Traktate. Stuttgart: Kreuz-Verlag 1978, S. 55. (In vielen populären Sammlungen wird diese Überlieferung mangels Quellenangabe einfach als Text aus MARTIN BUBERS „Erzählungen der Chassidim" aufgeführt.)
[2] ENZYKLIKA „LAUDATO SI'" VON PAPST FRANZISKUS. – Über die Sorge für das gemeinsame Haus. Libreria Editrice Vaticana 2015. http://www.dbk.de/fileadmin/redaktion/diverse_downloads/presse_2015/2015-06-18-Enzyklika-Laudato-si-DE.pdf
[3] KATECHISMUS DER KATHOLISCHEN KIRCHE. (Libreria Editrice Vaticana, deutsche Ausgabe). München: R. Oldenbourg Verlag 1993, bes. Nr. 225, 360, 404, 775, 831, 842, 1934, 1939-1941.

„Die dringende Herausforderung, unser gemeinsames Haus zu schützen, schließt die Sorge ein, die gesamte Menschheitsfamilie in der Suche nach einer nachhaltigen und ganzheitlichen Entwicklung zu vereinen, denn wir wissen, dass sich die Dinge ändern können. [...] Die Menschheit besitzt noch die Fähigkeit zusammenzuarbeiten, um unser gemeinsames Haus aufzubauen." (Nr. 13) „Wir brauchen ein Gespräch, das uns alle zusammenführt, denn die Herausforderung der Umweltsituation, die wir erleben, und ihre menschlichen Wurzeln interessieren und betreffen uns alle. [...] Alle können wir als Werkzeuge Gottes an der Bewahrung der Schöpfung mitarbeiten, ein jeder von seiner Kultur, seiner Erfahrung, seinen Initiativen und seinen Fähigkeiten aus." (Nr. 14) „Wir müssen uns stärker bewusst machen, dass wir eine einzige Menschheitsfamilie sind. Es gibt keine politischen oder sozialen Grenzen und Barrieren, die uns erlauben, uns zu isolieren, und aus ebendiesem Grund auch keinen Raum für die Globalisierung der Gleichgültigkeit." (Nr. 52) „Es ist vorhersehbar, dass angesichts der Erschöpfung einiger Ressourcen eine Situation entsteht, die neue Kriege begünstigt, die als eine Geltendmachung edler Ansprüche getarnt werden." (Nr. 57) „Wenn [...] das Herz wirklich offen ist für eine universale Gemeinschaft, dann ist nichts und niemand aus dieser Geschwisterlichkeit ausgeschlossen. [...] Alles ist aufeinander bezogen, und alle Menschen sind als Brüder und Schwestern gemeinsam auf einer wunderbaren Pilgerschaft, miteinander verflochten durch die Liebe, die Gott für jedes seiner Geschöpfe hegt und die uns auch in zärtlicher Liebe mit ‚Bruder Sonne', ‚Schwester Mond', Bruder Fluss und Mutter Erde vereint." (Nr. 92) „Die christliche Tradition hat das Recht auf Privatbesitz niemals als absolut und unveräußerlich anerkannt [...]. Der heilige Johannes Paul II. hat mit großem Nachdruck an diese Lehre erinnert und gesagt: ‚Gott hat die Erde dem ganzen Menschengeschlecht geschenkt, *ohne jemanden auszuschließen oder zu bevorzugen*, auf dass sie alle seine Mitglieder ernähre.'" (Nr. 93) „Wir müssen uns bewusst werden, dass unsere eigene Würde auf dem Spiel steht. Wir sind die Ersten, die daran interessiert sind, der Menschheit, die nach uns kommen wird, einen bewohnbaren Planeten zu hinterlassen. Das ist ein Drama für uns selbst, denn dies beleuchtet kritisch den Sinn unseres eigenen Lebensweges auf dieser Erde." (Nr. 160) „Der größte Teil der Bewohner des Planeten bezeichnet sich als Glaubende, und das müsste die Religionen veranlassen, einen Dialog miteinander aufzunehmen, der auf die Schonung der Natur, die Verteidigung der Armen und den Aufbau eines Netzes der gegenseitigen Achtung und der Geschwisterlichkeit ausgerichtet ist." (Nr. 201)

Die Ökologische Frage betrifft das „gemeinsame Haus", in dem die Menschen wohnen, und sie kann nur von allen gemeinsam gelöst werden. Auch wenn es um den Hausfrieden auf dem Globus nicht gut bestellt ist, so steht doch die menschliche Familie – spätestens seit Zündung der ersten Atombombe – in einer Schicksalsgemeinschaft, von der nicht das kleinste Dorf an irgendeinem vermeintlichen Ende der Welt ausgeschlossen ist. Zur „Einheit des Menschengeschlechts" gehört wie nie zuvor in der Geschichte die Gemeinschaft auch mit den *kommenden* Generationen, den noch nicht Geborenen.[4]

---

[4] So schon 1967 nachdrücklich Papst PAUL VI.: „[J]ene können uns nicht gleichgültig sein, die nach uns den Kreis der Menschheitsfamilie weiten." (*Populorum progressio*, Nr. 17)

Michael Maier - Atalanta Fugiens (https://commons.wikimedia.org)

# 1.
Die „gemeinsame Menschheit" und eine „neue Kunst des Zusammenlebens"

Eine Weltuntergangspredigt war ganz und gar nicht im Sinne des Papstes. Sie würde die Dinge ja auch nicht zum Besseren hinlenken, zumal wenn sie sich an eine Menschheit richtet, die in einem unüberschaubaren Sortiment unterhaltungsindustrieller Produkte ihre Destruktivität und den eigenen Untergang förmlich zelebriert. Es sollte sehr zu denken geben, dass der Kult der Apokalypse und die Kulte der Bereicherung und des Krieges in den gleichen mächtigen Bilderfabriken produziert werden. Irrationalismus, Ausweglosigkeit und Ohnmacht gehen aus diesem Komplex hervor, nie jedoch ein Aufbruch hin zu neuen Wegen.

Aus Anlass der Vorstellung der Enzyklika „*Laudato si'*" fanden sich im Juni 2015 Menschen aus vielen Bewegungen mit unterschiedlicher religiöser oder weltanschaulicher Ausrichtung in Rom ein zu einem bunten Marsch „*una terra – una famiglia umana*"[5]: Eine Erde – eine menschliche Familie. Sie ließen etwas vom Eros der Enzyklika, der Liebe zum Leben, anschaulich werden und ergänzten den Text mit der Vision eines Festes für den ganzen bewohnten Erdkreis (oikumene).

Die Ökologie, eine gute Welthausordnung der Erde, berührt freilich ungleich mehr als das, was sich mancher Wohlstandsbürger mit gesunden Ernährungsgewohnheiten, „ökologischem Parteibuch" und korrekter politischer Gesinnung darunter vorstellen mag. Obwohl das Ende des Kalten Krie-

---

[5] UNA TERRA – UNA FAMIGLIA UMANA. Marcia da Piazza Farnese a Piazza San Pietro per ringraziare Papa Francesco per l'Enciclica Laudato Si' [Rom]. Video veröffentlicht am 21.07.2015. https://www.youtube.com/watch?v=XLMoASgdAtE

ges es möglich gemacht hätte, die Vision der Vereinten Nationen endlich wahr werden zu lassen, hat sich eine neue Kriegs-Weltunordnung mit aberwitzigem Rüstungsbudget, totalitären Militärtechnologien und anhaltendem atomaren Roulette-Spiel etabliert. Den gigantischen Rüstungsexporten für die Kriege von morgen wird kein Riegel vorgeschoben. Doch die geistigen und materiellen *Friedensinvestitionen*, die im letzten Vierteljahrhundert auf der Tagesordnung gestanden hätten, wurden nach Plan verhindert. Einflussreiche Denk- und Medienfabriken verbreiteten das ideologische Paradigma eines „Kampfs der Kulturen". Die 1998 von der UNO-Vollversammlung ausgerufene „Dekade für eine Kultur der Gewaltfreiheit und des Friedens" fand hingegen in der Öffentlichkeit nur ein *ganz* schwaches Echo.

Die Folgen der in diesen Zeitraum fallenden völkerrechtswidrigen Angriffskriege machen sich nunmehr auch vor den Haustüren der Reichen bemerkbar: durch dramatisch steigende Flüchtlingszahlen. Dies freilich ist nicht einmal ein ‚kleiner Vorgeschmack' auf jene Flüchtlingsbewegungen, die auf unserer Erde in Folge des Raubs an den Lebensgütern durch eine reiche Minderheit und des menschengemachten Klimawandels bevorstehen. Eine explosive Wiederkehr des Rassismus kann niemand mehr übersehen. Bei den Angaben zur Zahl der jährlichen Todesopfer aufgrund von Hunger und anderen Formen der Unterversorgung differieren die Auskünfte von ‚Fachstellen' schnell einmal um zehn oder mehr Millionen.[6] (Diese Statistik gilt im Gegensatz etwa zu Wirtschaftsdaten als unwichtig.) Zu sprechen ist von einer Alternative, die im Rahmen der herrschenden – extrem gefährlichen – Wirtschaftsreligion[7] nirgendwo in den Blick kommt: „Teilen, nicht töten." (FRIEDHELM HENGSBACH)

---

[6] Dies betrifft noch immer den globalen „Kriegsschauplatz" mit den meisten Toten Jahr für Jahr. – Im Kontext der Überschrift dieses Beitrages vgl. CARITAS INTERNATIONALIS, One Human Family, Food for All. Video veröffentlicht am 01.09.2014. https://www. youtube.com/watch?v=qhU5JEd-XRo
[7] FRANZ SEGBERS / SIMON WIESGICKL (Hg.), „Diese Wirtschaft tötet" (Papst Franziskus). Kirchen gemeinsam gegen Kapitalismus. Hamburg: VSA 2015. http://www.rosalux.de/ fileadmin/rls_uploads/pdfs; FABIAN SCHEIDLER, Das Ende der Megamaschine. Geschichte einer scheiternden Zivilisation. Wien:

Seit dem ersten Bericht des Club of Rome im Jahr 1972 („Grenzen des Wachstums") hat eine kommunikationstechnologische Revolution die Welt durchgreifend verändert. Mit einem Gegenüber auf einem anderen Kontinent können wir uns heute genauso schnell austauschen wie mit dem Bewohner eines Nachbarviertels. Doch sind wir dadurch schon Nachbarn geworden? Wie steht es um den Missbrauch der neuen Technologien, Kontrolle und Macht durch die exklusive Verfügbarkeit astronomischer Datenmengen? Wozu dienen die Datentransfers? Entscheidend ist ja, mit welchem „Inhalt" der technologische Globalisierungsprozess einhergeht und ob er über eine *Globalisierung des Dialoges* das Entstehen einer Weltgesellschaft ermöglicht. 1993 verabschiedete ein Parlament der Weltreligionen die von HANS KÜNG angeregte *„Erklärung zum Weltethos"*[8]. Im Jahr 2000 folgte die *Erd-Charta*[9], die in der Enzyklika „Laudato si'" ausdrücklich Erwähnung findet (LEONARDO BOFF ist Mitglied der Erd-Charta-Kommission).

Im 2014 vorgelegten *„Manifest für eine neue Kunst des Zusammenlebens"* (Konvivialismus) haben sich Menschen aus verschiedenen Denkrichtungen im Ringen um die drängenden Zukunfts- und Überlebensfragen auf folgenden Grundkonsens verständigt: „Die einzige legitime Politik ist diejenige, die sich auf das Prinzip einer gemeinsamen Menschheit, einer gemeinsamen Sozialität, der Individuation und der Konfliktbeherrschung beruft."[10] Zum ersten Punkt wird in diesem Manifest ausgeführt:

Promedia Verlag 2015. (Der „Neoliberalismus" wird in diesem Werk als jüngste Phase eines militärisch-ökonomischen Zivilisationssystems betrachtet, das seit einem halben Jahrtausend Raubbau, Konkurrenz und Kriegsgewalt perfektioniert; als früher Vorreiter gilt dem Verfasser das römische Imperium.)

[8] http://www.weltethos.org/was_ist_weltethos

[9] http://erdcharta.de – Ein „One People"-Projekt in Basel verfolgt die „Vision, dass wir Menschen als eine Menschheit leben und aus dieser Verbundenheit handeln. Zum Wohle aller. Deshalb suchen wir Wege und Möglichkeiten, Verbundenheit erlebbar zu machen." (www.onepeople.me)

[10] LES CONVIVIALISTES, Das konvivialistische Manifest. Für eine neue Kunst des Zusammenlebens. Herausgegeben von Frank Adloff und Claus Leggewie in Zusammenarbeit mit dem Käte Hamburger Kolleg / Centre for

„*Prinzip der gemeinsamen Menschheit*: Unabhängig von den Unterschieden der Hautfarbe, der Nationalität, der Sprache, der Kultur, der Religion oder des Reichtums, des Geschlechts oder der sexuellen Orientierung gibt es nur eine Menschheit, die in der Person jedes ihrer Mitglieder geachtet werden muss."

Die römische Kirche hat sich in einer Zeit, als sie im „leibhaftigen Sinne" noch gar nicht wirklich Weltkirche war, als ‚Lehrmeister' des ganzen Erdkreises dargestellt. Heute folgt sie nach innen wie nach außen zunehmend einem Ökumene-Modell der Partnerschaft und erinnert sich daran, dass das Prinzip „gemeinsam *global* beraten & denken – *lokal* handeln" in der eigenen Frühzeit einmal fest verankert war. In Rom zitiert der Bischof nunmehr auch wieder die Hirten anderer Bistümer der Erde. Die christlichen Kirchen, Weltreligionen und globale Bewegungen befürchten derzeit wohl kaum, man wolle sie dort einem selbstherrlichen Führungsanspruch unterwerfen.

Indessen ist die in hoffnungsvollen Zusammenhängen seit langem überall auftauchende Überschrift „Einheit der menschlichen Familie" eine zutiefst *katholische* Angelegenheit. Hierzu sollen in diesem Beitrag einige theologische und geschichtliche Hintergründe aufgezeigt werden. Die römisch-katholische Weltkirche bringt sich ein – zur Bezeugung und Bewahrheitung der *„Einheit des Menschengeschlechts"*. Sind jene, die sich erhoffen, die Kirche werde sich beim Dienst an der Einheit im 21. Jahrhundert auf eine neue Weise auch auf die höchste Verbindlichkeitsform ihres Bekenntnisses besinnen, nur Träumer?

Global Cooperation Research Duisburg. Übersetzt aus dem Französischen von Eva Moldenhauer. Bielefeld: transcript 2014, S. 61. http://www.transcript-verlag.de/content/oa/ts2898_oa_content.pdf

2.
Biblische Inspirationen: Babel oder dialogische Ökumene?

„Zum Teufel mit eurer Flagge! Zum Teufel mit allen Flaggen! Es ist zu spät in der Welt für Flaggen!" So sagt es ein christlicher US-Missionar seinen Landsleuten im ‚Antikriegsfilm'-Klassiker „*Sand Pebbles*", den ROBERT WISE 1966 nach einer Romanvorlage von RICHARD MCKENNA gedreht hat. Die Flagge als Fetisch des Nationalismus, als sakrales Kultobjekt imperialer Herrschaft oder als „Logo" transnationaler Wirtschaftsmacht ist kein freundliches Erkennungszeichen von Ländern oder Regionen. Sie steht vielmehr – ihrer militärischen Herkunft gemäß – noch immer für den Unfrieden zwischen den Völkern.

Das zentrale biblische Bild einer zerrissenen Menschheit befindet sich im 1. Buch Mose (Genesis 11,1-9): „Wohlauf, lasst uns eine Stadt und einen Turm bauen, dessen Spitze bis an den Himmel reicht." Im Hintergrund der Geschichte stehen die Großreiche, die sich imperial „einen Namen machen wollen". Das Prophetenbuch Jesaja lässt die Herrscher dieser Reiche exemplarisch so zu Wort kommen: „Ich habe die Grenzen der Länder anders gesetzt und ihre Schätze geraubt und wie ein Stier die Bewohner zu Boden gestoßen. Meine Hand hat gefunden den Reichtum der Völker wie ein Vogelnest, und ich habe alle Länder zusammengerafft, wie man Eier sammelt, die verlassen sind; kein Flügel regte sich, und kein Schnabel sperrte sich auf und zirpte" (Jesaja 10,13-14).

Die Einheitssprache von Babel ist keine Weltsprache zur Verständigung, sondern in Wirklichkeit *globales Instrument für einen Weltmarkt*, durch den sich das Babelreich ohne großes Federlesen bereichert. Es geht um jenen lügnerischen

„Reichtum", der „seinen Rachen aufsperrt wie die Unterwelt und unersättlich ist wie der Tod", der „alle Völker zusammentreibt und alle Nationen um sich vereinigt" (Habakuk 2,5). Der Turmbau zu Babel ist darüber hinaus Symbol einer Menschheit, die im wahnhaften Höhenflug von Geist, Technologie und Macht der Erde und ihrer Sterblichkeit zu entkommen versucht. Das Babelprojekt der Zivilisation wächst nicht in der Horizontalen einer solidarischen Menschenfamilie. Stets geht seine Richtung vertikal in die erdferne Höhe eines alles *dominierenden Imperiums*, das die gesamte Völkerwelt überragt und auf dem Rücken von Sklavenkolonnen fußt. Paradoxer Weise ist es gerade dieser Versuch, alle Welt unter dem Code einer mächtigen – ökonomisch angetriebenen – *Einheitskultur*[11] zu vereinen, der die Völkerwelt verwirrt, die Menschheit entzweit und eine mögliche Sprache der Verständigung aller Menschen unmöglich macht! Fast möchte man die Zerstreuung – im Vorgriff auf Abraham, der das Babelreich verlassen wird – als Befreiung bezeichnen.

„Babel" steht für einen gewalttätigen Zivilisationstypus der auf Konkurrenz, Beherrschung und Verschuldungskreisläufen aufbaut, nicht auf Kooperation. (Am Ende wachsen Mauern in den Himmel, mit denen sich die Reichen auf dem Globus vor den Armen „schützen".) Das christliche Kontrastsymbol „Pfingsten" (Apostelgeschichte 2,1-13) verheißt gegenüber der mit dem Turmbauprojekt einhergehenden Verwirrung keine neuerliche Einheitssprache für alle Menschen. Es erzählt vielmehr ausdrücklich von einem Verständigungsraum, in dem jeder das – was allen zum Heil gereicht – in *seiner* Sprache und Kultur zu verstehen und mitzuteilen vermag. Das vertikale Modell der politischen, ökonomischen und kulturellen *Vorherrschaft* ist im pfingstlichen Geistwehen vom Thron gestürzt. Deshalb kann das horizontale Wachstum einer Gemeinschaft der Menschenfamilie beginnen: Keine Einheit der Macht, sondern eine Gemeinschaft des Dialoges und der Kooperation; kein über die Bedürfnisse der Menschen hinweg zusammengeschweißter Wirtschaftsraum, sondern Lebensräume für Austausch, Begegnung und Solida-

---

[11] Vgl. zum Gegenwartbezug FRANZISKUS, *Laudato si'* Nr. 143-144.

rität; kein militärisches Diktat der Friedhofsruhe, sondern ein Friedensgeschehen unter Verschiedenen.

Die Propheten Israels haben der Menschheit eine Vision geschenkt, die sie aus ihren Annalen nie wieder streichen kann. Ihr Blick geht jedoch noch nicht von einem Beziehungsgeschehen aus, das Kreise zieht, sondern von einem magnetischen Zentrum: Einst wird Gott mächtige Nationen durch die Weisung seiner Gerechtigkeit von ihrem Wahn befreien. Allen Völkern der Erde wird er seinen Weg weisen. Sie alle werden zu seinem Haus kommen, das die Nationen vereint. Sie schmieden aus ihren Schwertern Pflüge für den Acker, und nicht mehr übt ein Volk wider das andere den Krieg. „Jeder sitzt unter seinem Weinstock und unter seinem Feigenbaum, und niemand schreckt ihn auf!" (Micha 4,1-4; vgl. Jesaja 2,2-4) Nie mehr kann es jetzt heißen: „Unser Gott und nur unser Volk!" Immer wird es heißen: Eine Kindschaft, eine Menschheit in vielen Völkern und Ländern.

Johannes der Täufer irritiert später seine Zuhörerschaft in geradezu empörender Weise: Bildet euch doch nichts auf eure verbürgte Abrahams-Kindschaft ein! (Matthäus 3,9; Lukas 3,8) Die neue Perspektive: Aus allen Himmelsrichtungen werden Kinder Abrahams kommen zum Festmahl der Völker (Lukas 13,29; Matthäus 8,11). Und wie steht es um Familie oder Sippenverband? Überall habt ihr Mütter, Schwestern und Brüder! Leibliche Kinder? Da ist ein Kind, ein Menschenkind, ein Gotteskind – überall sind sie, eure Kinder, die Kinder eures himmlischen Vaters und die der Mutter Erde! Und nun kommt gar das Todeswort über jeglichen steinzeitlichen *Gruppenegoismus*: „Wenn ihr die liebt, die euch lieben, na, soll das etwa was besonderes sein? Eine Hand wäscht die andere? Das machen sie doch alle, selbst die größten Schurken!" (vgl. Matthäus 5,46f)

Die Tendenz der Apostelgeschichte lässt sich bereits eindeutig als übernational identifizieren, auch wenn aus der Sammlung jetzt eine Sendung zu den Nationen – bis an die Grenzen der Erde – geworden ist. „Allen Völkern unter dem Himmel" (Apostelgeschichte 2,5) ist die gute Botschaft des neuen Weges bestimmt. Das Pfingstwunder lässt sie einander jenseits der Sprachgrenzen verstehen und setzt eine *Globali-*

sierung der Empathie in Gang. Einstmals hatte der imperiale Größenwahn babylonischer, assyrischer und sonstiger Machart die Völker isoliert und einander entfremdet. Jetzt wird eine Sprache geboren, in deren Raum sich die ganze Menschheit verständigen kann.[12]

Pfingsten (Schnorr von Carolsfeld: Bibel in Bildern, 1860)

Paulus, der seinen Gemeinden – im Kontext endzeitlicher Naherwartung – zu voreilig einen Gehorsam gegenüber der Obrigkeit predigt, entzaubert die imperialen bzw. nationalen Großkollektive der Weltgesellschaft.[13] Nie spricht er, der so

---

[12] Einen guten Beleg dafür, dass die Vision einer grenzüberschreitenden Gemeinschaft (Katholizität) nicht als *Einheitswahn* missverstanden werden darf, bietet schon die Vielfalt auch der christlichen Bibel. Diese vereinigt – ohne die Widersprüche zu glätten – die Theologien höchst unterschiedlicher „Christentümer" und Ortsgemeinden. Soviel Pluralität haben spätere Epochen der Kirchengeschichte nur selten zu ertragen vermocht.
[13] KLAUS WENGST, Pax Romana. Anspruch und Wirklichkeit – Erfahrungen

oft in den Gefängnissen des Imperiums saß, von jenem römischen Bürgerrecht, das Lukas ihm zuschreibt (Apostelgeschichte 22,24). Maßgeblich ist für ihn das *Bürgerrecht im Himmel* (Philipperbrief 3,20). Der Völkerapostel stellt Abraham, einen „umherirrenden Hebräer" und Vaterlandslosen, als Vater der neuen Menschen vor (Römerbrief 4; Galaterbrief 3,6-9). Welche Nation, welche „Rasse", welcher gesellschaftliche Status, welches Geschlecht? Das ist doch völlig egal! Ihr seid jetzt freigekauft von solchen steinzeitlichen Unterscheidungen, und es gibt auch keine Einteilung in Sklaven und Herren mehr (1. Korintherbrief 12,13; Galaterbrief 3,27-29).

Als Grund für dieses „Einssein", das alle nationalen und kulturellen Grenzen sprengt, nennen die Christen den neuen Menschen Jesus Christus. Sich selbst verstehen sie selbstbewusst als „Salz der Erde". Als Patrioten weisen sie sich in ihren Urkunden hingegen nicht aus. Ihre Heimat ist bei Gott (Philipperbrief 3,20; Hebräerbrief 11,16; 2. Korintherbrief 5,1-3): „In ihm leben wir, bewegen wir uns und sind wir" (Apostelgeschichte 17,28). Sie sind Menschen des „neuen Weges" (Apostelgeschichte 9,2; 19,9.23; 22,4) und schauen nicht mehr auf einen Reichsadler, sondern auf die Taube.

---

und Wahrnehmungen des Friedens bei Jesus und im Urchristentum. München: Chr. Kaiser 1986, S. 92-112.

„Gott hat allen Menschen dieselbe
Stellung für das Leben festgesetzt [...].
Niemand ist bei Gott ein Knecht
und keiner ein Herr."
LACTANTIUS

Lactantius (Wandmalerei aus dem vierten Jahrhundert)

3.
Selbstbewusstsein in der Alten Kirche: Die Christen als „drittes Geschlecht" und Vorhut einer neuen Menschheit

Wenn Jesus von Armen spricht, sich gegen weltliche Herrschaftsverhältnisse stellt (Markus 10,42-43) oder die Möglichkeit eines gewaltfreien Verhaltens ins Spiel bringt (Matthäus 5,39), sind stets die Verhältnisse unter *römischer Besatzung* mit zu bedenken. Jesus lässt sich von Gegnern erzählen, welches Bildnis auf der Steuermünze der Besatzer zu sehen ist, und empfiehlt dann als frommer Jude, das Geldstück demjenigen *zurück*zugeben, der es hat produzieren lassen.[14] Bezogen auf den Komplex „Mammon – Macht – Militär" gehören später auch die frühen Christen zu jenen, die mit dem System des römischen Imperiums nicht kollaborieren.[15] Ihre Verweigerung wurzelt in einer neuartigen Immunität gegenüber den Versprechen von Geldvermehrung, Machtkult und Gewalt. Deshalb steht der Nicht-Kollaboration eine alternative Praxis „Solidarität – Geschwisterlichkeit – Gewaltfreiheit" zur Seite.

---

[14] Vgl. Markus 12,17; Matthäus 22,21; Lukas 20,24-25. Eine aberwitzige Exegese wird daraus später geradewegs eine Pflicht zum Gehorsam gegenüber dem Kaiser (und allen Cäsaren) ableiten.
[15] Eine bürgerlich-christliche „Altertumswissenschaft" wird immer Gefahr laufen, die entsprechenden Befunde zu bagatellisieren. Nicht wenigen Theologen hat man im Studium beigebracht, es ginge bei den altkirchlichen Verweigerungsfeldern (Wirtschaft, Machtsystem, Militär) lediglich um „religiöse" bzw. kultische Tabus.

Unter dieser Voraussetzung gelingt es der frühen Kirche, nationale und auch religiöse Schranken zu überwinden.[16] Dass da Brüder und Schwestern aus allen Nationen zueinander finden, jenseits aller Grenzen, und dass sie sich gar in dieser Internationalität als „Seele der Welt" verstehen, gerade das ist in den Augen des römischen Imperiums äußerst suspekt an dieser neuen „Sekte".[17] Ihren Zeitgenossen können die Christen geradezu als Vaterlandsverräter und heimatlose Gesellen erscheinen. Da sie – wie zuvor nur die Juden im Reich – nicht tun, was jeder Patriot tut, beschimpft man sie als Atheisten (Verweigerung des Kaiserkults) oder – so überliefert es TERTULLIAN – gar als „Feinde des Menschengeschlechts". Mit Sicherheiten und heilig geltenden Einrichtungen des irdischen Imperiums haben sie in der Freiheit des Evangeliums gebrochen. Man merkt das und konstatiert: *„Das sind überhaupt keine richtigen Römer!"*

Unverschämt und geradezu lächerlich finden Heiden wie CELSUS die – im Anschluss an das jüdische Erbe – schon sehr früh von den Christen vorgetragenen *universalen* Ansprüche: Kein „Kleinstaat", sondern ein eigenes, auserwähltes Volk (JUSTIN), das sich gar als neue, vollkommene Stufe der Menschheitsgeschichte versteht. Im Jahre 197 weiß TERTULLIAN, dass die Christen von ihren Gegnern – neben den Heiden und Juden – als das „dritte Geschlecht" bezeichnet werden, was ein halbes Jahrhundert später auch als christliche Selbstbezeichnung belegt ist.

Doch dieses „dritte Geschlecht" – neben Juden und Heiden – ist eben kein neues *nationales* Gebilde, sondern ein Volk aus allen Völkern. Im „Hirten des Hermas" wird noch vor 150 die Kraft des Christentums gerühmt, „die in Anlage und Sitten so

---

[16] Bezogen auf Armenfürsorge und Hilfeleistungen sind hier natürlich gerade solche Zeugnisse zur frühen Kirchengeschichte von Bedeutung, die die innergemeindliche Caritas überschreiten!
[17] Vgl. ADOLF VON HARNACK, Die Mission und Ausbreitung des Christentums in den ersten drei Jahrhunderten. Erster Band: Die Mission in Wort und Tat. 4., verbesserte und vermehrte Auflage. Leipzig: J.C. Hinrichs'sche Buchhandlung 1924, S. 259-289 (Kapitel „Die Botschaft von dem neuen Volk und dem dritten Geschlecht – das geschichtliche und politische Bewußtsein der Christenheit").

verschiedenen Völker zur Einheit einer Gesinnung und Lebensweise zusammenzuschließen".[18] Gegen Ende des zweiten Jahrhunderts schreibt ein Christ an einen gewissen DIOGNETOS über jene, die bei Gott eingebürgert sind [und nicht in den später von AUGUSTINUS so genannten ‚Räuberstaaten' der Erde]: *„Sie wohnen im eigenen Vaterland, jedoch nur wie Beisassen, sie haben an allem Anteil wie Bürger, und erdulden doch alles wie Fremdlinge. Jegliche Fremde ist ihnen Heimat, und jegliche Heimat Fremde ..."*.

HIPPOLYT VON ROM († 235) setzt in seinem Daniel-Kommentar um 204 die Ökumenizität des römischen Weltreiches und die Ökumene der Christenheit in direkten *Gegensatz*. Das Imperium Roms, das aus allen Völkern sammelt, lässt er mit Kaiser Augustus beginnen. Parallel jedoch sei das völkerübergreifende Volk derer entstanden, „die einen neuen Namen im Herzen tragen". Die Ökumene (‚Globalisierung') des Römischen Reichs ist für ihn nur ein satanisches Plagiat der wahren Ökumene: „Und deshalb war auch die erste Schatzung unter Augustus, als der Herr in Bethlehem geboren wurde, damit die Menschen dieser Welt, für den irdischen König angeschrieben, Römer genannt würden, die an den himmlischen König Glaubenden aber Christen hießen, das Zeichen des Sieges über den Tod an der Stirne tragend."[19] Ist das Modell einer nicht imperialen Ökumene (‚Globalisierung') als Einheit der menschlichen Familie in Vielfalt zukunftsträchtig? Schon bedenklich unbescheiden versteht ORIGENES († 253/254) in seinem 8. Buch gegen Celsus die Kirche als *„die Welt in der Welt"*, welche „in der Zukunft der göttliche Weltstaat sein werde; sie sei bestimmt, das römische Reich, ja die Menschheit, in sich aufzunehmen und die Staaten zu verbinden und zu ersetzen"[20]. (Wie anders als theokratisch soll man eine solche Vision verstehen?)

---

[18] Zitat EBENDA, S. 270. (Diese Schrift kann allerdings nicht unbedingt als überzeugender Beleg für das ökumenische Prinzip der *Gemeinschaft in Verschiedenheit* gelten; am Ende sind alle vormals Verschiedenfarbigen „weiß".)
[19] Zitat EBENDA, S. 278.
[20] EBENDA, S. 279.

Schön lässt MINUCIUS FELIX im dritten Jahrhundert den christlichen Kosmopolitismus in seinem Dialogwerk von Octavius vortragen: „*Wir unterscheiden Stämme und Nationen; aber für Gott ist diese ganze Welt ein Haus.*"[21] Zu dieser Zeit können die Christen auf Seiten des Imperiums bereits als „Staat im Staate" höchsten Argwohn auslösen. Widerwillig konstatiert – EUSEBIUS zufolge – das Edikt des Galerius im Jahre 311, dass es den Christen tatsächlich gelungen sei, „die verschiedenen Völker zu einer relativen Einheit" zu verbinden.[22] Noch scheint man sich keineswegs dem Denken der Herrschenden angepasst zu haben. LACTANTIUS liefert in seinen wohl vor 313 verfassten „Divinae Institutiones" (VI., 6,19ff) eine glänzende christliche Kritik von ‚Patriotismus' und imperialer Kriegsapparatur:

> „Was sind die ‚Vorteile des Vaterlandes' anderes als die Nachteile eines zweiten Staates oder Volkes, das heißt das Gebiet auszudehnen, indem man es anderen gewaltsam entreißt, das Reich zu mehren, die Staatseinkünfte zu vergrößern? Alles dieses sind ja nicht Tugenden, sondern es ist die Vernichtung von Tugenden. Vor allem nämlich wird die Verbundenheit der menschlichen Gesellschaft beseitigt, es wird beseitigt die Redlichkeit, die Achtung vor fremdem Gut, schließlich die Gerechtigkeit selbst [...] Denn wie könnte gerecht sein, wer schadet, wer hasst, wer raubt, wer tötet? Das alles aber tun die, welche ihrem Vaterlande zu nützen streben."

Nicht nur im endzeitlich gestimmten Anfang treten also Christen als Relativierer oder gar Verächter des potentiellen Götzen „Vaterland" auf. Das in Thora[23] und Talmud strikt als

---

[21] Zitat EBENDA, S. 278.
[22] EBENDA, S. 284. (So bietet es sich denn hernach an, diese Einigungspotenz *reichspolitisch* dienstbar zu machen.)
[23] „Und einen Fremdling sollst du nicht bedrängen und ihn nicht bedrücken, denn Fremdlinge seid ihr im Land Ägypten gewesen." (Exodus 22,20) – „Die Fremdlinge sollt ihr nicht unterdrücken; denn ihr kennt doch die Seele des Fremden, weil ihr auch Fremde in Ägyptenland gewesen seid." (Exodus 23,9) – „Es soll ein und dasselbe Recht unter euch sein für

Gottesrecht verstandene Recht der Fremdlinge lebt auf unterschiedliche Weise fort: Mit jedem Fremden kommt ... Christus selbst! (Matthäus 25,35) Noch heute enthält die katholische Weiheliturgie den Zuruf an jeden Kandidaten, den *Fremden und Heimatlosen* Hilfe und Aufnahme und zu gewähren. (So sind sie denn alle vom Diakon bis hin zum Bischof verbindlich gehalten, heute an der Seite von Flüchtlingen und Asylbewerbern zu stehen. Dies ist, wie unlängst ein deutscher Bischof seinen Mitarbeiterinnen und Mitarbeitern vermittelt hat, eine Entscheidungsfrage der christlichen Identität.)

Es lässt sich nicht leugnen, dass die Vision einer neuen Gemeinschaft aller Menschen im Verlauf der Kirchengeschichte sehr bald wieder vom steinzeitlichen Gruppenegoismus eingeholt wurde. Jetzt hieß es auf einmal wieder: „Liebt vor allem die, die euch auch lieben, die, die zu eurer Konfession gehören!" Und dann fing es an mit dicken Mauern gegen den Rest der Welt: „Der kann Gott nicht zum Vater haben, der uns – die Kirche – nicht zur Mutter hat!" Oder: „Außerhalb unserer Mauern kann keiner glücklich und selig werden." (Da hatten die Christen bereits jene einladende Attraktivität und Überzeugungskraft verloren, die ihnen zuvor ohne Drohworte zahlreiche neue Geschwister zuführten.) – „Katholisch" war die Kirche der frühen Jahrhunderte als ein globales Verbundnetz von lokalen Ortskirchen mit unterschiedlichsten kulturellen Hintergründen, aber universaler Ausrichtung.[24] Diese *lebendige* „Katholizität" wurde durch rechtliche und zentralistische Konzepte aus dem römisch-imperialen Einheitsdenken bedroht.

---

den Fremdling wie für den Einheimischen; ich bin der HERR, euer Gott." (Levitikus 24,22) „Wenn ein Fremdling bei euch wohnt in eurem Lande, den sollt ihr nicht bedrücken. Er soll bei euch wohnen wie ein Einheimischer unter euch, und du sollst ihn lieben wie dich selbst; denn ihr seid auch Fremdlinge gewesen in Ägyptenland. Ich bin der HERR, euer Gott." (Levitikus 19,33-34)

[24] Auch heute, so meint der Theologe Johann Baptist Metz, eröffnet nur eine „kulturell polyzentrische Katholizität" der Kirche eine Zukunftsperspektive.

Noch schlimmer war es hernach um jene pervertierte „Kirchlichkeit" bestellt, die mit dem Schwert einen „wahren Glauben" durchsetzte oder die ohne jedes Augenzwinkern „göttlichen Segen" für ein Abschlachten der Geschwister jenseits der Landesgrenzen erflehte: „Mit Gott für Kaiser und Vaterland!" Man sang in Kirchenliedern vom „Volk Gottes" und meinte doch den Götzen der eigenen Nation!

Das im Verlauf der Geschichte immer wieder auf so abgründige Weise verratene *Ideal universaler Humanität* ist gewiss keine exklusive Erfindung von Judentum und Christentum. Die frühen kirchlichen Schriftsteller fanden etwa in der Philosophie der Griechen – namentlich bei manchen Vertretern der Stoa – durchaus Vorbilder für ihren Kosmopolitismus. Die Einheit der Menschheit hing für sie aufs Engste mit der Würde des leibhaftigen Menschen zusammen. Am Vorabend der konstantinischen Wende schrieb LACTANTIUS in seinen „Institutiones" (V,14): „Gott hat allen Menschen dieselbe Stellung für das Leben festgesetzt [...]. Niemand ist bei Gott ein Knecht und keiner ein Herr. Wenn er nämlich allen der gleiche Vater ist, so sind wir mit gleichem Recht alle Freie [...] und es schließt aus die Ungleichheit die Gerechtigkeit, deren ganze Kraft doch darin besteht, dass sie diese gleich macht, die mit gleichem Anteil zu dieser Lebensbedingung [der unterschiedslosen Kindschaft] gekommen sind."[25]

---

[25] Vgl. hiermit Artikel 1 der Allgemeinen Erklärung der Menschenrechte (10. Dezember 1948): „Alle Menschen sind frei und gleich an Würde und Rechten geboren. Sie sind mit Vernunft und Gewissen begabt und sollen einander im Geiste der Brüderlichkeit begegnen."

4.
Zwei unterschiedliche Zugänge: Meister Eckhart und Bartolomé de Las Casas

Ein Hauptstrom der Tradition wird sich nachfolgend in der Spuren einer *ethischen* „Naturrechtslehre" bewegen und natürlich auf die Abstammung aller Menschen von den Ureltern Adam und Eva verweisen. Einen anderen Zugang zur Einheit des Menschengeschlechts erschließt der Prolog des Johannes-Evangeliums mit seiner Kunde vom *„Licht, das jeden Menschen erleuchtet"* (Joh 1,9). Kein anderer namhafter Theologe des Mittelalters ist dem so tief auf den Grund gegangen wie Meister ECKHART († 1328) – sei es nun „mystisch" oder „religionsphilosophisch".

In ECKHARTS Betrachtungsweise wird vorausgesetzt, dass *keine* menschliche Seele ohne Gott sei. Selbstliebe, Liebe zum unmittelbaren Nächsten und Verbundenheit mit der Menschheit können deshalb nie als Gegensätze aufgefasst werden. Oberflächlich gelesen klingt dies an manchen Stellen noch wie ein moralischer Appell: „Du sollst alle Menschen gleich wie dich lieben und gleich achten und halten; was einem andern geschieht, sei's bös oder gut, das soll für dich so sein, als ob es dir geschehe!"[26] Genau besehen folgen jedoch aus dem Aufscheinen jenes Lichtes, das jeden Menschen erleuchtet, im gleichen Atemzug Selbstannahme und Annahme der universalen Menschheit: „Hast du dich selbst lieb, so hast du alle Menschen lieb wie dich selbst. / So lange du einen einzigen Menschen weniger lieb hast als dich selbst, so / ge-

---

[26] Pred. 5a: In hoc apparuit caritas dei in nobis, DW I, S. 79, 6-7: „Du solt alle menschen dir gelich liebhaben und gelich achten und halten; waz einem andern geschicht, es sy bösz oder gu°t, daz sol dir sin, als ob es dir geschehe." [Übers. nach Josef Quint, ebd., S. 447].

„das Licht leuchtet in der Finsternis /
und die Finsternis hat es nicht erfasst"

Das Meister-Eckart-Portal an der Predigerkirche in Erfurt
(Foto: Michael Sander: https://commons.wikimedia.org)

wönnest du dich selbst nie in Wahrheit lieb, wenn du nicht alle Menschen lieb hättest / wie dich selbst – in einem Menschen alle Menschen"[27]. Der Mensch, dem – in der Sprache des Johannes-Evangeliums – das Leben („das Licht der Menschen") aufleuchtet, findet zu einer umfassenden Verbundenheit, „so daß er dem Menschen, der jenseits des Meeres ist, den er mit Augen nie gesehen hat, ebensowohl Gutes gönne wie dem Menschen, der bei ihm ist und sein vertrauter Freund ist. Solange du deiner Person mehr Gutes gönnst als dem Menschen, den du nie gesehen hast, so steht es wahrlich unrecht mit dir, und du hast noch nie nur einen Augenblick lang in diesen einfaltigen Grund [der Geburt des wahrhaftigen Menschseins] gelugt."[28] Es steht wohl außer Zweifel, dass wir es hier *nicht* mit einem Aufruf zu Willensanstrengung und moralischer Höchstleistung zu tun haben.

Über die Begegnung mit den geschunden Menschengeschwistern auf einem anderen Kontinent, die Predigt von Bettelmönchen, eigenes Studium und Nachdenken erschließt sich zwei Jahrhunderte später die Einheit des menschlichen Geschlechts für den Dominikaner und Bischof BARTOLOMÉ DE LAS CASAS (1484/85-1566). Ein Wort der Bibel wird ihm zum Gerichtsspruch über die Konquistadoren: „Den Nächsten mordet, wer ihm den Unterhalt nimmt, Blut vergießt, wer

---

[27] Zitiert nach GÜNTER STACHEL, Meister Eckhart. Gottesgeburt. Mystische Predigten. München: Kösel 1999, S. 101 (Pred. 12: Qui audit me, DW I, S. 195). – Es liegt nahe, einen solchen Text heute auch im Licht der psychologischen Forschung zum Phänomen des Narzissmus zu lesen.

[28] Pred. 5b: In hoc apparuit caritas dei in nobis, DW I, S. 87,9 - 88, 4: „Ich spriche ein anderz und spriche ein swærerz: swer in der blôzheit dirre natûre âne mittel sol bestân, der muoz aller persônen ûzgegangen sîn, alsô daz er dem menschen, der jensît mers ist, den er mit ougen nie gesach, daz er dem alsô wol guotes günne als dem menschen, der bî im ist und sîn heimlich vriunt ist. Al die wîle dû dîner persônen mêr guotes ganst dan dem menschen, den dû nie gesæhe, sô ist dir wærlîche unrêht noch dû geluogtest nie in disen einvaltigen grunt einen ougenblik." [Übers. nach Josef Quint, ebd., S. 449]. – Eine Bezugnahme auf den Johannes-Prolog und das Bild der Geburt liegt nahe; im Korpus der Eckhart-Legenden heißt es am Ende des Textes „Meister Eckehartes Wirtschaft" z.B.: „Also daz ewige wort ist ein geburt des himelschen vaters, also ist der wille gotes ein geburt und ein werden aller creature."

dem Arbeiter den Lohn vorenthält." (Jesus Sirach 34,26-27) Der vormalige Soldat hatte sich im Dienste der spanischen Eroberer selbst mitschuldig gemacht an der Unterdrückung und Versklavung der Indios, deren Menschenrechte er als Ordensmann so entschieden verteidigte. Erst eine zweite Umkehr im Alter führte LAS CASAS zur Einsicht, dass auch den Afrikanern die gleichen Rechte wie den Indios zukommen.

1537 verweist Papst PAUL III. in seiner Bulle „*Sublimis Deus*" darauf, dass alle Mitglieder der menschlichen Familie zur ewigen Glückseligkeit bestimmt (auch entsprechend „befähigt") sind und allen Völkern die Frohe Botschaft zu bringen sei. Dem jedoch wirke der Rivale des Menschengeschlechtes entgegen:

> „Er veranlasste nämlich einige seiner Helfershelfer, die nichts anderes begehrten, als ihre Habsucht zu befriedigen, dass sie unablässig daraufhin arbeiteten, die Bewohner West- und Südindiens [*Amerikas*] und andere Nationen, von denen wir Kunde erhalten haben, wie Tiere zum Sklavendienst einzuspannen. [...] Aus dem Verlangen, in diese Angelegenheit Ordnung zu bringen, bestimmen und erklären wir [...], dass die Indianer und alle andern Völker, die künftig mit den Christen bekannt werden, auch wenn sie den Glauben noch nicht angenommen haben, ihrer Freiheit und ihres Besitzes nicht beraubt werden dürfen; vielmehr sollen sie ungehindert und erlaubter Weise das Recht auf Besitz und Freiheit ausüben und sich dessen erfreuen können. Auch ist es nicht erlaubt, sie in den Sklavenstand zu versetzen."

Es fiele nicht besonders schwer, durch Beispiele für Exkommunikation von Sklavenhaltern, Schutzgesetze christlicher Regenten etc. ein vorteilhaftes Kapitel der Kirchengeschichte zu füllen. In einem Dokument der Päpstlichen Kommission JUSTITIA ET PAX heißt es 1988:

> „Las Casas' Werk gehört zu den ersten Beiträgen zur universellen Menschenrechtslehre, die auf der Würde der Person, ungeachtet ihrer ethnischen oder religiösen Zuge-

hörigkeit, beruht. Desgleichen entwickelten die großen spanischen Theologen und Rechtslehrer Francisco de Vitoria und Francisco Suárez als Pioniere der Rechte der Völker diese selbe Doktrin von der grundlegenden Gleichberechtigung aller Personen und alle Völker."[29]

Indessen übersteigt die Gesamtbilanz der Grausamkeiten, die die „christlichen Nationen" Europas in der sogenannten Neuen Welt und in Afrika unter vielfacher geistlicher Assistenz vollbracht haben, jedes noch in Worte fassbare Maß. Von *Völkermorden* ist zu sprechen. Tausende und Abertausende traurige Geschichten wären zu erzählen, vom Schicksal der südamerikanischen Jesuitenreduktionen (Indio-Siedlungen) bis hin zu den Kolonialverbrechen des 20. Jahrhunderts.[30] Selbst ein großer Liebender wie ANGELO RONCALLI war offenbar nicht zu jedem Zeitpunkt seines Lebensweges fähig, die massenmörderische Praxis auch seines Heimatlandes mit den Augen der Opfer zu betrachten.[31] Wenn es für die Kirche in diesen Zusammenhängen irgendeinen Trost gibt, so sind es jene Lebensbeschreibungen, die von Bekehrungen auf Seiten der christlichen Eroberer, das heißt der Täter, handeln.

---

[29] PÄPSTLICHE KOMMISSION JUSTITIA ET PAX, Die Kirche und der Rassismus. Für eine brüderliche Gesellschaft [Rom 10.02.1988]. = Arbeitshilfen 67. Herausgegeben vom Sekretariat der deutschen Bischofskonferenz. Bonn 3.11.1988, S. 7. [http://www.dbk-shop.de/de/Deutsche-Bischofskonferenz/Arbeitshilfen/Die-Kirche-und-der-Rassismus-.html]
[30] Das vermutlich dunkelste Kapitel der jüngsten Kirchengeschichte betrifft das Verhalten (schweigende Zuschauerschaft oder Täterschaft) von römisch-katholischen Christen während des Völkermords in Ruanda 1994.
[31] Vgl. OLAF BLASCHKE, Die Kirchen und der Nationalsozialismus. Stuttgart: Philipp Reclam jun. 2014, S. 206: „Angriffskriege faschistischer Regime waren für die Kirchen kein Grund zum pauschalen Protest. Der Überfall Italiens auf das Kaiserreich Äthiopien im Oktober 1935 wurde ebenso wenig verurteilt wie der Einsatz von Giftgas und die Massaker, die die Italiener in diesem ‚Barbarenland' ausübten. Militärkapläne, 300 waren eingesetzt, schwärmten vom ‚Imperio romano e christiano'. Nuntius Angelo Roncalli, der spätere Papst Johannes XXIII., sah in Mussolinis Siegen in Abessinien 1936 den ‚Lohn dafür, mit der Kirche Frieden geschlossen zu haben'." Zur kirchlichen Haltung zum „Äthiopienkrieg" vgl. auch: PETER GODMANN, Der Vatikan und Hitler. Die geheimen Archive. Aus dem Englischen und Lateinischen von Jens Brandt. Vollständige Taschenbuchausgabe. München: Knaur Taschenbuch 2005, S. 36-37, 151, 228.

Wohl auch deshalb ist der Name von BARTOLOMÉ DE LAS CASAS in anglikanischen und lutherischen Gedenkkalendern verzeichnet.

Bartolomé de Las Casas (https://commons.wikimedia.org)

5.
„Die „Schönheit des Dogmas"? Katholisches Zeugnis wider Rassismus, Nationalismus, Militarismus und Imperialismus im 19. Jahrhundert

Zur Mitte des 19. Jahrhunderts hin gibt es schon ein geschärftes Bewusstsein dafür, dass durch pseudowissenschaftliche Strömungen und rassenideologische Schriften die Einheit der menschlichen Familie auf eine unerhört neue Weise in Frage gestellt wird. Die Hauptwerke von CHARLES DARWIN (1809-1882), der in seinen Schriften nachdrücklich die *Einheit des Menschen als einer einzigen Art* betonen wird, sind zu diesem Zeitpunkt noch gar nicht erschienen. Zu Wort meldet sich der Humanist ALEXANDER VON HUMBOLDT (1769-1859), einer der Repräsentanten jenes ‚anderen Preußen', in dem man der nationalreligiösen Rede von einem „deutschen Gott" oder „Gott der Deutschen" keinen Beifall zollt. HUMBOLDT schreibt 1845:

„Indem wir die Einheit des Menschengeschlechtes behaupten, widerstreben wir auch jeder unerfreulichen Annahme [*u.a. gegen Aristoteles: Politica I.3, 5, 6*] von höheren und niederen Menschenracen. Es giebt bildsamere, höher gebildete, durch geistige Cultur veredelte: aber keine edleren Volksstämme. Alle sind gleichmäßig zur Freiheit bestimmt: zur Freiheit, welche in roheren Zuständen dem Einzelnen, in dem Staatenleben bei dem Genuß politischer Institutionen der Gesammtheit als Berechtigung zukommt."[32]

Im gleichen Jahr veröffentlicht z.B. auch der emsländische Katholik und Gymnasiallehrer Dr. phil. HEINRICH LÜKEN (1815-1882) ein Buch *„Die Einheit des Menschengeschlechts und dessen Ausbreitung über die ganze Erde"*, das er mit folgendem Satz einleitet: „Die biblische Lehre von dem einheitlichen Ursprunge des Menschengeschlechts ist nicht nur die nothwendige Grundlage des Christenthums, sondern sie ist es auch, worauf alle und jede Überzeugung von unserm höhern Dasein beruht."[33]

In den ersten Jahrzehnten des 19. Jahrhunderts hatten sich katholische Anwälte der Freiheit, der Völkerverständigung und des Selbstbestimmungsrechts der Völker erhofft, der Papst werde sich als Repräsentant der Weltkirche ihre Anliegen zu eigen machen; ein früher Hauptstrom des nach Rom ausschauhaltenden „Ultramontanismus" war gleichermaßen übernational wie *freiheitlich* ausgerichtet.[34]

---

[32] ALEXANDER VON HUMBOLDT: Kosmos. Entwurf einer physischen Weltbeschreibung. Erster Band. Stuttgart, Tübingen: J. G. Cotta'scher Verlag 1845, S. 385. [http://www.deutschestextarchiv.de] – Der Verfasser fügt diesen Ausführungen zustimmend lange Passagen aus dem Werk seines Bruders WILHELM VON HUMBOLDT (1767-1835) über die Kawi-Sprache hinzu: „Wenn wir eine Idee bezeichnen wollen, die durch die ganze Geschichte hindurch in immer mehr erweiterter Geltung sichtbar ist; wenn irgend eine die vielfach bestrittene, aber noch vielfacher mißverstandene Vervollkommnung des ganzen Geschlechtes beweist: so ist es die Idee der Menschlichkeit: das Bestreben, die Grenzen, welche Vorurtheile und einseitige Ansichten aller Art feindselig zwischen die Menschen gestellt, aufzuheben; und die gesammte Menschheit: ohne Rücksicht auf Religion, Nation und Farbe, als Einen großen, nahe verbrüderten Stamm, als ein zur Erreichung Eines Zweckes, der *freien Entwicklung innerlicher Kraft*, bestehendes Ganzes zu behandeln. Es ist dies das letzte, äußerste Ziel der Geselligkeit, und zugleich die durch seine Natur selbst in ihn gelegte Richtung des Menschen auf unbestimmte Erweiterung seines Daseins. [...]"
[33] HEINRICH LÜKEN, Die Einheit des Menschengeschlechts und dessen Ausbreitung über die ganze Erde. Hannover: Hahnsche Hofbuchhandlung 1845, S. V. [http://www.mdz-nbn-resolving.de/urn/resolver.pl?urn=urn:nbn:de:bvb:12-bsb10435443-6]
[34] Vgl. VICTOR CONZEMIUS, Propheten und Vorläufer – Wegbereiter des neuzeitlichen Katholizismus. Zürich: Benzinger Verlag 1972, S. 28-78 (über Félicité de Lamennais, Antonio Rosmini und Charles Forbes de Montalembert).

Der vom Liberalismus zum katholischen Traditionalismus ‚konvertierte' Spanier JUAN DONOSO CORTÉS (1809-1853) wird in seinem zuerst 1851 veröffentlichten „*Ensayo sobre el catholicismo, el liberalismo y el socialismo*" den von ihm beklagten „Widersprüche(n) der liberalen Schule" das katholische „Dogma der Solidarität" entgegenstellen.[35] DONOSO CORTÉS folgt freilich – anders als die liberalen Katholiken – jener Schulrichtung, die das „Dogma von der substantiellen Einheit des Menschengeschlechts" an erster Stelle in einen unlösbaren Zusammenhang mit dem „Dogma vom ursprünglichen Sündenfall" stellt („Verderbnis des Individuums und der Gattung in Adam").[36] Über das „Dogma, demgemäß der Mensch einer Verantwortlichkeit unterliegt, die seine eigene, persönliche ist, und einer anderen Verantwortlichkeit, die er gemeinsam mit den übrigen Menschen teilt", führt er aus:

„Diese gemeinschaftliche Verantwortung, die man Solidarität nennt, ist eine der schönsten und erhabensten Offenbarungen des katholischen Dogmas. Durch die Solidarität zu größerer Würde und in höhere Sphären erhoben, hört der Mensch auf, ein Atom im Raum und ein Augenblick in der Zeit zu sein, und lebt nach vorwärts, geht über sich hinaus, soweit die Zeiten dauern und soweit sich die Räume erstrecken. Durch die Solidarität bestätigt, – und bis zu einem gewissen Grade – erschafft sich die Menschheit; durch dieses Wort, das in antiken Gesellschaften des Sinnes ermangelte, bezeichnen sich die substantielle Einheit der menschlichen Natur und die enge

---

[35] JUAN DONOSO CORTÉS, Essay über den Katholizismus, den Liberalismus und den Sozialismus. Herausgegeben, übersetzt und kommentiert von Günter Maschke: Werke Band 1. Weinheim: VCH Verlagsgesellschaft 1989, S. 156-166.
[36] EBENDA, S. XIX und S. 159. [Das Konzil von Trient hat die sog. „Erbsündenlehre" auf der Basis des Monogenismus ausgelegt: jeder Mensch als Nachkomme Adams.] Hierdurch – und indem DONOSO CORTÉS als Staatsphilosoph vornehmlich von der menschlichen *Vergemeinschaftung* her auf die individuelle menschliche Person schaut – kommt ein Zugang zum Vorschein, welcher der oben skizzierten Sichtweise eines MEISTER ECKHART geradezu entgegengesetzt zu sein scheint.

Verwandtschaft, welche die einen mit den übrigen Menschen verbindet.

[...] Bekannt war das Dogma von der Einheit des Menschengeschlechts einzig dem Volke Gottes; die anderen Völker besaßen keinen Begriff von der einen und solidarischen Menschheit; obgleich sie aber nicht fähig waren, dieses Gesetz auf die Menschheit anzuwenden, von der sie nichts wußten, anerkannten sie es dennoch, ja überspannten es sogar bei allen politischen und häuslichen Gesellschaftsbildungen."[37]

JUAN DONOSO CORTÉS, vom „ursprünglichen Sündenfall" (‚Erbsünde') ausgehend, würde im Prolog des Johannes-Evangeliums das Stichwort ‚Finsternis' wohl ungleich stärker unterstreichen als die Kunde vom ‚Licht, das jeden Menschen erleuchtet'. Darf man mit Blick auf jene Abgründe der Zivilisation, die dann in der ersten Hälfte des 20. Jahrhunderts einen naiven Glauben an das Fortschreiten der Menschheit endgültig Lügen strafen werden, einen solchen Zugang zum Dogma von der Einheit des Menschengeschlechts leichtfertig abtun?

Man darf es nicht, und dennoch gibt es gute Gründe, der Fährte des spanischen Staatsphilosophen *nicht* zu folgen. DONOSO CORTÉS gehört zu jenen katholischen Gegenrevolutionären, in deren Opfer- bzw. Opferungsideologie geradewegs eine Notwendigkeit des Systems ‚Krieg und Todesstrafe' postuliert wird und deren Spur bis hin zum Staatsunrechtler CARL SCHMITT (1888-1995) führt, der nun gerade nicht als Kronzeuge für die Einheit der menschlichen Familie gelten kann.[38] Wann je hätte die Predigt vom ‚bösen Menschen' den ‚Machthabern dieser Welt' und der Religion des Krieges nicht zugearbeitet?

Die Gefährdung alles Menschlichen und die Möglichkeit des Abgrundes, sie müssen zur Sprache kommen! Doch dies

---

[37] EBENDA, S. 157-158 und S. 160.
[38] WOLFGANG PALAVER, Ende oder Transformation des Opfers? René Girards Ringen um eine Opfertheorie. In: Bibel und Kirche Nr. 3/2009, S. 173-178, hier S. 173-174. https://www.bibelwerk.de/sixcms/media.php/169/biki_3-09_Palaver.pdf

ist möglich ohne die falsche Alternative „gut *oder* böse".[39] Die Fixierung auf das Hässliche muss lähmen. Aus einer gemeinsamen „Verderbnis des Individuums und der Gattung" (DONOSO CORTÉS) können nur Angst – in alle Ewigkeit fortdauernd –, Feindschaft und Beziehungslosigkeit hervorgehen, nicht aber Verbundenheit. Die Gemeinde Jesu weiß um die Ansage abgrundtiefer, heilloser *Verderbnis* (Johannes der Täufer), doch zusammengeführt ist sie durch die Kunde vom Ende des Verschuldungskreislaufs und die Botschaft vom – keineswegs jenseitigen – ‚Reich des rein geschenkten Lebens'.[40] Das mit dem ‚Königswalten der Himmel' einhergehende neue Sehen verweist uns auf die *Bedürftigkeit* als gemeinsames Menschengeschick und auf ein mögliches Offenbarwerden der Schönheit jedes Menschen: „Selig die Armen." Zu erkunden bleibt, ob hierdurch – jenseits ohnmächtiger Moralpredigt – auch eine zivilisatorische Perspektive eröffnet wird: für eine Zivilisation der Geliebten[41] anstelle der Todesstrukturen des Ungeliebtseins. Das ist die größte Herausforderung für die Gegenwartstheologie.

Zu wenig bekannt ist, dass es bereits zur Zeit des Ersten Vatikanischen Konzils (1869-1870) in Teilen der Kirche ein geschärftes Bewusstsein gab für die Notwendigkeit eines klaren Standortes gegenüber unheilvollen, gewalttätigen Entwicklungen in Gesellschaft und Zivilisationsgefüge. Bischof AUGUSTIN VÉROT von Savannah (Georgia) aus den Südstaaten der USA fand es nicht hilfreich, dass sich das Konzil haarspalterisch mit den Anschauungen deutscher Gelehrter befasste. Für ihn war – auch aufgrund der eigenen Pastoral – das „Rassenproblem" zentral: „Bei dem gemeinsamen Ursprung der Menschheit in Adam beziehe sich das [Konzils-]Schema nur

---

[39] Man beachte in diesem Zusammenhang die Behutsamkeit von Papst FRANZISKUS, der von der „Gewalt des von der Sünde verletzten menschlichen Herzens" spricht (*Laudato si'* Nr. 2).
[40] HELMUT MERKLEIN, Jesu Botschaft von der Gottesherrschaft. Eine Skizze. Stuttgart: Verlag Katholisches Bibelwerk 1983.
[41] Von einer „Zivilisation der Liebe" hat erstmals in der Weltkirche PAUL VI. zum Pfingstfest 1970 gesprochen.

auf die Irrtümer der Deutschen und nicht auf Vorstellungen, wie etwa daß die Neger von einem anderen Ursprung abstammten als die Weißen, bzw. einen Übergang zwischen Tier und Mensch bildeten. Diese Irrtümer hätten Resonanz im Volk, würden in ihrer Primitivität verstanden, während die deutschen Irrtümer nur die idealistischen Philosophen betreffen."[42] – Auf dem Ersten Vaticanum erhielt übrigens ein schwärmerischer „Appell an die Juden, Jesus als Messias anzuerkennen", die Zustimmung von über 500 Konzilsteilnehmern. Das Besondere an dieser Initiative: „Die Juden werden angesprochen als *von Gott besonders geliebt wegen ihrer Väter* und als solche, *von denen Christus nach dem Fleische ist*."[43]

Ein Laie, „der später konvertierte David Urquhart, welcher eine antimilitaristische, antikolonialistische und gleichzeitig ausgesprochen theokratische Linie vertrat, [...] erwartete vom Papst und ebenso vom Konzil die Einschärfung des Völkerrechts und die klare Entscheidung, welche Seite in Kriegen im Recht oder Unrecht sei, ja die Exkommunikation der im Unrecht befindlichen Seite. Sein Vorstoß löste in England und Frankreich eine innerkatholische Diskussion über Wehrdienstverweigerung in ungerechten Kriegen aus."[44] Tatsächlich forderten dann vierzig Konzilsväter aus aller Welt, darunter ansonsten so unterschiedlich positionierte deutsche Bischöfe wie Konrad Martin (Paderborn) und Wilhelm Emmanuel von Ketteler (Mainz), mit ihrer Unterschrift „angesichts der steigenden Belastungen der Völker durch die Rüstung und des Verfalls der internationalen Moral [...] eine authentische Erklärung des Teiles des Kirchenrechts, welches das Völkerrecht und die Kriegsethik betreffe"[45]. Dieser

---

[42] KLAUS SCHATZ SJ, Vaticanum I. 1869-1870. Band II. Von der Eröffnung bis zur Konstitution „Dei Filius". Paderborn, München, Wien, Zürich: F. Schöningh 1993, S. 89.
[43] EBENDA, S. 133.
[44] KLAUS SCHATZ SJ, Vaticanum I. 1869-1870. Band I. Vor der Eröffnung. Paderborn, München, Wien, Zürich: F. Schöningh 1992, S. 130. – Vgl. EBENDA, S. 125 auch die in Frankreich vorgetragene Vorstellung, es könne im Zeitalter der Demokratie eine neue Welt – in Form einer „Konföderation von Völkern unter dem Vorsitz des Papstes" – entstehen.
[45] KLAUS SCHATZ SJ, Vaticanum I. 1869-1870. Band II. Von der Eröffnung bis

Eingabe wurde ein Votum der armenischen Provinzialsynode vom 20. Oktober 1869 beigefügt, welches wider die „Emanzipation des Kriegsrechts von der Moral" eine Erklärung der Prinzipien des Völkerrechts durch das Konzil forderte und sogar die Errichtung eines Völkerrechts-Tribunals beim „Sitz Petri" ins Spiel brachte; die Dringlichkeit eines „kirchlichen Widerstandes gegen Nationalismus, Militarismus und imperialistische Machtpolitik" war – wenn auch folgenlos – zur Sprache gekommen.[46]

Nicht zuletzt hatten entschiedene „Ultramontane" zugunsten einer Definition von „päpstlicher Unfehlbarkeit und Universaljurisdiktion" geltend gemacht, gegen die neuzeitliche Pest des Nationalismus müsse man im Papsttum ein unerschütterliches Bollwerk errichten.

---

zur Konstitution „Dei Filius". Paderborn, München, Wien, Zürich: Ferdinand Schöningh 1993, S. 130-131.
[46] EBENDA, S. 131.

Weltkrieg 1914-1918, mit Gasmasken ausgerüstete Bedienungsmannschaft eines deutschen schweren Flak Maschinengewehrs 8915-35 (Bundesarchiv: Bild 183-R52907 / CC-BY-SA).

6.
Benedikt XV. und die katholische Bewegung für den Weltfrieden

Es stellt sich die Frage, wie breit nach Mitte des 19. Jahrhunderts ein Bewusstsein von der Gefährlichkeit der großen Zeitkrankheiten (Rassismus, Nationalismus, Militarismus) und vom eigenen übernationalen Auftrag in der Weltkirche verankert war. In Preußen beispielsweise, wo sich das Verhältnis zwischen Staat und römisch-katholischer Kirche sehr spannungsreich gestaltete, konnten die Getauften 1870 in einer anonymen Flugschrift[47] lesen: „Aber ein Patriot, der nur Patriot wäre und keine höheren Pflichten kennte als Vaterlandsliebe – ein solcher Patriot ist der grundsätzliche Katholik nicht und darf es nicht sein. Es gibt noch ein höheres und erhabeneres Gebiet, als das des natürlichen Lebens. Es gibt noch ein anderes Vaterland für uns auch auf dieser Welt, ein viel wichtigeres, größeres, erhabeneres, heiligeres und heilbringenderes. Dieses ist die Kirche. In diesem geistlichen Verbande kennen wir weder ‚Juden noch Nationen, weder Griechen noch Barbaren', weder Deutsche noch Italiener noch Franzosen noch Polen. In diesem Vaterlande ruhen unsere höchsten Güter, unsere ewigen Interessen, unsere letzten und unzerstörbaren Hoffnungen. In diesem ‚Staate' ist unser Oberhaupt Christus ...". „Unter Patriotismus verstehen wir Katholiken nicht Staatsvergötterung." Denn in der Schrift steht ja geschrieben: „Man muß Gott mehr gehorchen als den Menschen." Der Katholik müsse Nein sagen zu einem Patrio-

---

[47] SIND DIE KATHOLIKEN SCHLECHTE PATRIOTEN? Broschüren-Cyclus für das katholische Deutschland. Erster Jahrgang, Elftes Heft. Sechste Auflage. Soest: Nasse'sche Buchhandlung 1870, S. 11-19. [http://sammlungen.ulb.uni-muenster.de]

tismus, der „auswärtige Völker und fremde Staaten beschimpft, verläumdet und verlästert". „Der Katholik erkennt in jedem Menschenkinde seinen Nächsten, seinen Mitbruder, mag er wohnen, wo er will, und welchem Staate auch immer angehören." Diese Grundhaltung wird gerade auch auf das Verhalten im Kriegsdienst bezogen. Der beste Patriotismus spreche: „Was hälfe es meinem Vaterlande, wenn es die ganze Welt gewänne, und nähme doch Schaden an seiner Seele?"

Schon auf dem Ersten Vaticanum hatte ein Teil der Konzilsväter einen Blick für die am Horizont des Weltgeschehens heraufziehenden Gewitterwolken gehabt (s.o.). Auch unten in der Kirche gab es zu jener Zeit Zeugnisse dafür, dass die katholische Identität wesentlich *übernational* ist und mit den nationalen Kriegsideologien nicht zusammengereimt werden kann. Im ersten Jahrzehnt des 20. Jahrhunderts, d.h. am Vorabend des ersten Weltkrieges, scheint der Friedensauftrag als zentraler Prüfstein des Katholischen jedoch keine große Rolle im kirchlichen Leben gespielt zu haben. Die Weltkirche war weder strukturell[48] noch sachlich[49] vorbereitet auf die „Große Katastrophe" und konnte – trotz eines glücklichen Ausgangs des Konklaves 1914 – der Menschheit nicht jenen Dienst erweisen, der ihr aufgrund ihrer Katholizität bestimmt gewesen wäre.

Als Papst BENEDIKT XV. kurz nach seinem Amtsantritt im September 1914 die – zuvor von vielen wachen Zeitgenossen befürchtete und nun eintretende – Eskalation des modernen Kriegsapparates verurteilt, stehen die weltlichen Oberhäup-

---

[48] Impotenter, z.T. paranoider Zentralismus ohne eine wirklich geschwisterliche, d.h. kraftvolle Verbundenheit mit und unter den Ortskirchen (welche nur durch Verwirklichung des Prinzips „Subsidiarität" und eine Ausgestaltung des zentralen, weltkirchlichen Amtes als *Dienst* an der Einheit gefördert werden kann). – Die ab Ende 1914 zutage tretende Kehrseite: In den Ortskirchen ist man faktisch sehr weitgehend *nationalkirchlich* gestimmt und stellt sich in entsprechenden Kontexten, die man nicht als „dogmatisch" betrachtet, gegenüber „Rom" schwerhörig bis taub.
[49] Aufgrund des neuscholastischen Paradigmas: theologische Fixierung auf den Bereich des sogenannten „*Übernatürlichen*" und entsprechend kein ausgeprägtes Problembewusstsein bezogen auf die abgründigen *zivilisatorischen* Entwicklungen.

ter der beteiligten Länder gegen ihn. Doch auch die nationalen Kirchenleitungen versagen dem Bischof von Rom jene kollegiale Partnerschaft im Dienste des Friedens, wie sie dieser in einer Weltkirche hätte erwarten können. (Zwei Drittel der damaligen Katholiken sind in das „entsetzliche Blutbad" direkt verwickelt.) BENEDIKT XV. gilt als scharf denkender, nicht unbedingt emotional-charismatischer Oberhirte. Indessen tritt ein schlichtes, sehr menschliches *Mitgefühl* mit den Opfern des Krieges schon in seinem Mahnruf an alle Katholiken des Erdkreises vom 8. September 1914 zutage:

„Diejenigen aber, die die Geschicke der Völker leiten, bitten und beschwören wir, schon die Gedanken darauf zu richten, all ihre Streitfragen dem Heile der menschlichen Gesellschaft nachzustellen; zu bedenken, dass dieses sterbliche Leben schon in sich übergenug an Elend und Trauer hat, als dass es noch elender und trauriger gestaltet werden sollte; sie mögen es genug sein lassen an dem, was an Ruinen schon geschaffen, was an Menschenblut schon geflossen ist; sie mögen also bald dem Friedensgedanken und der Aussöhnung näher treten."

Auch in der in der „Exhortatio" (Aufruf) vom 28. Juli 1915 will dieser Papst seine innere Erschütterung nicht verbergen:

„[...] Wir hörten in unserem Herzen, das die Liebe Christi geweitet hat, alle die Klagen der Mütter [...] und all das untröstliche Weinen der Kinder [...], fassten [...] sogleich den festen Entschluss, unsere ganze Arbeit und Kraft in den Dienst der Versöhnung der kriegführenden Völker zu stellen, und wir haben dies in feierlicher Form dem göttlichen Erlöser gelobt, der um den Preis seines Blutes alle Menschen zu Brüdern machen wollte. [...] Im heiligen Namen Gottes [...] beschwören wir Euch, die Ihr von der göttlichen Vorsehung zur Regierung der kriegsführenden Nationen bestellt seid, dieser fürchterlichen Schlächterei, die nunmehr seit einem Jahr Europa entehrt, endlich ein Ziel zu setzen. Es ist Bruderblut, das zu Lande und zur See vergossen wird. Die schönsten Gegenden Europas, dieses

Gartens der Welt, sind mit Leichen und Ruinen besät. Ihr tragt vor Gott und den Menschen die entsetzliche Verantwortung für Frieden und Krieg. [...] Wir laden alle Freunde des Friedens in der ganzen Welt ein, uns die Hände zu reichen, um das Ende des Krieges zu beschleunigen, der nun schon seit einem Jahr Europa in ein riesiges Schlachtfeld verwandelt hat. [...] Mögen die Völker, verbrüdert durch die Liebe, zurückkehren zum friedlichen Wettstreit in Wissenschaft, Kunst und Industrie und nach Wiederherstellung der Herrschaft des Rechts beschließen, in Zukunft die Lösung ihrer Streitigkeiten nicht mehr mit der Schneide des Schwertes herbeizuführen, sondern nach den Kriterien der Billigkeit und Gerechtigkeit [...]."

Ein konkretes Friedensprogramm legt BENEDIKT XV. mit seinem Apostolischen Mahnschreiben an die Oberhäupter der kriegführenden Länder („Dès le début") vom 1. August 1917 vor:

„Gegen Ende des ersten Kriegsjahres haben wir die eindringlichsten Mahnungen an die kriegführenden Nationen gerichtet und überdies auf den Weg hingewiesen, auf dem man zu einem dauerhaften und für alle ehrenvollen Frieden gelangen könnte. Leider wurde unser Ruf überhört, und der Krieg mit all seinen Schrecken wurde noch zwei weitere Jahre mit Erbitterung fortgesetzt; er wurde sogar noch grausamer und breitete sich aus über Land und Meer, ja bis in die Lüfte hinauf, und man sah Verwüstung und Tod über wehrlose Städte, über stille Dörfer, über ihre unschuldigen Einwohner hereinbrechen. [...] Soll denn die zivilisierte Welt nur noch ein Leichenfeld sein? [...] Um uns nicht mehr in allgemeinen Ausdrücken zu halten, wie die Umstände es uns für die Vergangenheit ratsam erscheinen ließen, wollen wir jetzt zu konkreten, praktischen Vorschlägen übergehen [...]. Der erste und wichtigste Punkt muss sein, dass an die Stelle der materiellen Waffengewalt die moralische Macht des Rechts trete; demzufolge soll eine gerechte Verständigung aller über die gleichzeitige, beiderseitige Abrüstung nach zu

vereinbarenden Regeln und Garantien erfolgen [...]; dann sollte anstelle der Armeen ein Schiedsgericht eingesetzt werden, das eine weitreichende friedenstiftende Funktion ausüben soll [...].
Gebe der Himmel, dass Ihr, indem Ihr Euch den Beifall Eurer Zeitgenossen verdient, Euch auch bei den künftigen Geschlechtern den schönen Namen eines Friedensstifters sichert."

Gemäß seiner Grundüberzeugung, es gäbe weit bessere Mittel als den Krieg zur Wiederherstellung verletzter Rechte, fordert der Papst: Weltweit soll die – seit gut hundert Jahren etablierte – allgemeine Wehrpflicht, die „eigentliche Ursache vieler Übel", abgeschafft werden.[50] Zur Lösung von Konflikten sind ein für alle Staaten verbindliches internationales Schiedsgericht sowie ein völkerrechtlicher Rahmen, der dessen Zuständigkeit und Entscheidungswirksamkeit absichert, zu schaffen. Das 1917 von BENEDIKT XV. vorgelegte Prinzip ist wegweisend für die nachfolgende katholische Sozial- und Friedensethik: *Waffengewalt muss durch die Macht des Rechts ersetzt werden.* (Mit entsprechenden Vorschlägen hat sich dieser pazifistische Pontifex früher als z. B. US-Präsident WOODROW WILSON zu Wort gemeldet. Auf den für das Völkerrecht bahnbrechenden Briand-Kellog-Pakt von 1928 reagiert die Kirche dann leider erst mit sechzehnjähriger Verspätung. PIUS XII. fordert am 24.12.1944, ohne Aufschub „alles zu tun, was möglich ist, um ein für allemal den Angriffskrieg als erlaubte Lösung internationaler Spannungen und als Werkzeug nationaler Bestrebungen in Acht und Bann zu bringen".)

Schon 1917 und in den nachfolgenden Jahren, die wir heute als „Zwischenkriegszeit" bezeichnen, werden sich die frie-

---

[50] Freilich greift es viel zu kurz, die Französische Revolution für das Übel alleinverantwortlich zu machen und etwa vom zeitlich viel früheren Rekrutierungsterror des preußischen Militärs zu schweigen. „Stehende Heere" sind seit der Zeit der Großreiche konstitutiver Bestandteil aggressiver Staat-Ökonomie-Militär-Symbiosen gewesen. Das Ende stehender Heere fordert übrigens schon EMMANUEL KANT in seiner wegweisenden Schrift „Zum ewigen Frieden" (1795).

densbewegten Katholiken Europas als die eigentlichen *„Ultramontanen"* – als die nach Rom Ausschau Haltenden – erweisen. Sie verständigen sich untereinander (u.a. über gemeinsame, grenzüberschreitende Initiativen oder Treffen) und finden später zum Teil auch den Weg zu einer Friedensökumene mit evangelischen Christen, Juden und Humanisten. Die Berufung auf den Papst ist im „Friedenskatholizismus" obligat. Im Vordergrund stehen eine „naturrechtliche" Betrachtungsweise und ein neues Völkerrechtsdenken.[51] Indessen kommt das spezifisch Christliche keineswegs zu kurz. BENEDIKT XV. hatte in seiner Friedensenzyklika *„Pacem Dei munus"* vom 23. Mai 1920, welche ein Bekenntnis zur Völkerbund-Idee enthält, die biblische Weisung zur Feindesliebe ausdrücklich auch auf den Bereich des Politischen bezogen: „Das evangelische Gebot der Liebe unter den einzelnen Wesen ist keineswegs verschieden von jenem, das unter Staaten und Völkern zu gelten hat." Diese Anschauung des Bischofs von Rom wurde in katholischen Friedensschriften immer und immer wieder zitiert.[52]

Wie nachdrücklich die katholischen Pazifisten nach dem ersten Weltkrieg den Glaubenssatz von der *Einheit des Menschengeschlechts* in Erinnerung gerufen haben, sei hier wenigstens anhand von zwei Beispielen aufgezeigt. Der Lehrer JOSEF RÜTHER[53] (1881-1972), der sich zur Zeit der Weimarer

---

[51] Vgl. für den deutschen Sprachraum bes. FRANZISKUS MARIA STRATMANN OP, Weltkirche und Weltfriede. Katholische Gedanken zum Kriegs- und Friedensproblem. 1. Auflage. Augsburg. Haas & Grabherr 1924.
[52] „Der sich ausdrücklich als Katholik verstehende Staats- und Völkerrechtsgelehrte Carl Schmitt (1888-1995)" blieb hingegen „von den Überlegungen des Papstes unberührt [...]. Dem Völkerbund stand Schmitt ablehnend gegenüber und die biblische Feindesliebe bezog er in seiner berühmt gewordenen Schrift ‚Der Begriff des Politischen' von 1927 im klaren Gegensatz zur Lehre des Friedenspapstes [Benedikt XV.] bloß auf die privaten Verhältnisse. Für die Politik sei sie völlig unbrauchbar" (WOLFGANG PALAVER, Die aktuelle Botschaft von Papst Benedikt XVI. zum Weltfriedenstag am 1.1.2006 erinnert an den Friedenspapst Benedikt XV. Kommentar, 28.12.2005. http://www.uibk.ac.at/theol/leseraum/texte/620.html). Wenige Jahre später bejubelt C. SCHMITT als NSDAP-Mitglied die Nürnberger Rassengesetze von 1935 als „Verfassung der Freiheit". Man beachte genau, in welchen Zusammenhängen er heute wieder als „politischer Klassiker" gerühmt wird.

Republik besonders um die Friedenspädagogik verdient gemacht hat, versteht 1920 das heimatbewegte Engagement von Katholiken in seiner Region als Schlüssel für die ‚wahre Internationale': „Echte Heimatliebe erzieht [...] auch zu wahrer allgemeiner und echt internationaler Menschenliebe. Sie bedenkt, dass überall auf der Erde Menschen ihre Heimat und ihr Vaterland haben, die ihnen so lieb sind wie uns die unseren." 1932 stellt RÜTHER das Programm einer auf den ganzen Erdkreis schauenden ‚Katholizität' dem Abgrund des modernen Krieges entgegen: „Der christliche Pazifismus sieht in der Menschheit nach ihrer einheitlichen Abstammung und ihrem gleichen Ziele *einen* Organismus."

Der im Eichsfeld tätige Priester HEINRICH THÖNE[54] (1895-1946), wie RÜTHER Mitglied im Friedensbund deutscher Katholiken, unterbreitet in seinen frühen Schriften u.a. folgende Thesen: „Ein Katholik kann den Antisemitismus der völkischen Rassenfanatiker nicht mitmachen." „Wenn es uns nicht gelingt, in allen Ländern Europas die nationalistischen Hetzer zum Schweigen zu bringen, dann wird eines Tages ein neuer Weltkrieg Europas Kultur zerstampfen." „Die *übernationale Organisation der Völker,* das ist das große Ziel unserer Zeit." „Es gehört zum Wesen des Katholizismus, daß er übernational ist, daß er alle Menschen, alle Völker zu einer großen Gottesfamilie zusammenschließt."

Zur Einordnung der verschiedenen Strömungen in der „Zwischenkriegszeit" sind die Bezeichnungen „progressiv" und „rückwärtsgewandt" nur bedingt tauglich. Viele als weltoffen bzw. progressiv geltende Theologen hatten die Zeit des „Antimodernismus" unter PIUS X. (Pontifikat 1903 bis 1914) als bedrückend erlebt, aufgrund dessen z.T. eine wenig freundliche Einstellung zum Papsttum entwickelt und sich in Deutschland dann vielfach eifrig an der nationalen kriegs-

---

[53] Vgl. zu ihm SIGRID BLÖMEKE, Nur Feiglinge weichen zurück. Josef Rüther (1881-1972). Eine biographische Studie zur Geschichte des Linkskatholizismus. Brilon: Demokratische Initiative 1992 (Zitate auf S. 51 und 75).
[54] Vgl. zu ihm PAUL LAUERWALD, Heinrich Thöne, ein katholischer Geistlicher im Kampf um Frieden, Völkerverständigung und gegen antikatholische Kräfte im Eichsfeld während der Weimarer Republik. In: Eichsfeld-Jahrbuch 21. Jg. (2013), S. 279-301.

theologischen Produktion 1914-1918 beteiligt. Als „modern" erwiesen sich diese Theologen in der Folgezeit nicht selten durch ihre Offenheit für Zeitströmungen, die mit völkisch-rassistischen, nationalistischen und militaristischen Ideologien zusammenhingen. Bei einer oberflächlichen Betrachtungsweise könnte man im Nachhinein urteilen, die strengen Maßnahmen gegen sogenannte „Modernisten" seien also nur allzu berechtigt gewesen. Bei genauerem Hinsehen drängt sich hingegen der Verdacht auf, dass die geistige Maßregelung bezogen auf theologische Gegenstände, die man als „strikt übernatürlich" betrachtete, indirekt den Boden mit bereitet hat für das nachfolgende Aufkommen jener wirklich gefährlichen – zivilisationsrelevanten – Häresien, in denen das katholische Bekenntnis zur Einheit des Menschengeschlechts verlassen wurde.

Selbst viele Theologen wissen heute nicht mehr, in welchem Umfang z.B. die Wahnidee eines „völkischen Blutbandes" (contra Johannes 1, 12-13) Eingang finden konnte in deutschsprachiges *theologisches* Schrifttum und dass der auf diese Weise verbreitete – *antikatholische* – Komplex sprachlich sogar auf bischöfliche Texte abgefärbt hat. Hätte hier die „Sacra Congregatio Sancti Officii" nicht ungleich energischer einschreiten müssen als bei den – später vielfach von selbst erledigten – theologischen Streitpunkten der Zeit vor dem ersten Weltkrieg?

7.
Pius XI. als Hüter des Glaubenssatzes von der Einheit des Menschengeschlechts

Ab 1933 haben im Vatikan, namentlich auch im Arbeitsbereich des Heiligen Offiziums (der heutigen Glaubenskongregation), strenge Vertreter von Neuscholastik sowie naturrechtlicher Lehrtradition die prinzipielle Unvereinbarkeit von nationalsozialistischer Ideologie und Christentum aufgezeigt.[55] (Eine zeitnahe Veröffentlichung[56] der hierbei herausgearbeiteten fundamentalen Widersprüche hätte der Kirche in Deutschland eine klare Orientierung ermöglicht, z.B. auch in der Grundsatzfrage: Ist Hitlers Regime als „gottgesetzte Autorität" bzw. „rechtmäßige Obrigkeit" zu betrachten, welcher die Gläubigen – laut Kardinal M. FAULHABER – „im Gewissen Ehrfurcht und Gehorsam schulden"?)

Bereits im September 1933 (!) lag z.B. in Rom das „Promemoria" eines anonymen Gutachters vor, welches die offizielle deutsche NS-Lehre als Angriff auf die Prinzipien des christlichen Universalismus entlarvte. Dass der NS-Rassenbe-

---

[55] GODMANN, Der Vatikan und Hitler; HUBERT WOLF, Pius XI. und die „Zeitirrtümer". Die Initiativen der römischen Inquisition gegen Rassismus und Nationalismus. In: Vierteljahrshefte für Zeitgeschichte 56. Jahrgang (2005), S. 1-42. http://www.ifz-muenchen.de/heftarchiv/2005_1_1_wolf.pdf; HUBERT WOLF, Papst & Teufel. Die Archive des Vatikan und das Dritte Reich. München: C.H. Beck 2008.

[56] Jene Zusammenhänge, die HUBERT WOLF (EBENDA) unter die Überschrift „Dogma oder Diplomatie?" stellt und die zur rein internen „Archivierung" äußerst bedeutsamer Gutachten bzw. Dokumente gegen nationalsozialistische Ideologiekomplexe führten, werden wir nachfolgend nicht thematisieren.

griff die „Einheit des Menschengeschlechts" auflöst, hat im Oktober 1934 ausgerechnet auch der zweigleisig taktierende Bischof ALOIS HUDAL vorgetragen, dessen Brückenbauer-Buch „Die Grundlagen des Nationalsozialismus" (1937) zu den nazifreundlichsten Schriften aus Werkstätten deutschsprachiger Theologen zählt. Daraufhin beauftragt man in Rom glücklicherweise nicht HUDAL, sondern die Jesuiten FRANZ HÜRTH und JOHANN BAPTIST RABENECK mit Gutachten zur nationalsozialistischen Blut- und Rassenlehre. Gefordert werden Klarstellungen in einer allen Gläubigen verständlichen Sprache. Auch Belegstellen aus HITLERS Hauptwerk „Mein Kampf" finden Eingang in Listen der zu verurteilenden Irrtümer: Die „eine und gleiche Natur aller Menschen" steht dem Ansinnen, das gesamte Menschengeschlecht durch eine Einteilung in Rassen zu zerreißen, strikt entgegen. Die „Einheit des Menschengeschlechtes" ist Ausgangspunkt für die Verurteilung des gesamten Komplexes ‚Rassismus, Nationalismus, Totalitarismus'.

Viel zu wenig beachtet wird, dass die inzwischen bekannten Textdokumente aus dem Archivbestand der heutigen Glaubenskongregation – fern von jeder abstrakten Dogmenlehre – sehr konkret gerade auch die dem NS-Rassenstaat zugrundeliegende *Kriegsideologie* beleuchten. So sind in einer Thesenliste vom 1. Mai 1935[57] folgende Irrtümer aufgenommen worden:

> [*Die höchste allgemeine Norm*] I.4. Staat und Nation haben auf nichts achtzugeben als nur sich selbst [...], und dies ohne jede Rücksicht auf etwaige Rechtsansprüche oder auf das Völkerrecht.
> [*Wirtschaftspraxis*] I.5. Unbedingt gilt der Grundsatz der uneingeschränkten ‚Sorge bzw. Liebe zu sich selbst', und er muss in der Wirtschaft angewendet werden, sobald der Staat mit anderen Staaten in Verhandlung tritt. Hier kann nicht nach den sogenannten Gesetzen der Gerechtigkeit, Billigkeit und Barmherzigkeit verfahren werden, da sie in

---

[57] Text: GODMAN, Der Vatikan und Hitler, S. 252-275. Vgl. auch EBENDA, S. 119 (Bischof Hudal zu: „Lebensraum" für Deutschland), 128 und 154.

keiner Weise zur tatsächlichen, furchtbaren Wirklichkeit passen.
[*Expansionismus*] I.6. Die eigene Herrlichkeit und Kraft sind der Nation Grund genug, Expansionismus zum Prinzip zu erklären und zu verfolgen, andere Nationen zu unterwerfen und sich deren Territorium – auch mit Waffengewalt – teilweise oder ganz einzuverleiben.
[*Militarismus*] I.7. Als ruhmvoller gilt ein Sieg unter Waffen, und dies ist dem Staat Grund genug, im Fall internationaler Konflikte bewaffnete Kriege zu provozieren und somit auf eine friedliche Beilegung der Streitigkeiten zu verzichten, durch die er auch zu seinem Recht kommen könnte.
[*Das absolute Recht auf einen Rassenstaat*] II.27. Die Einheit von Rasse und Blut verleiht das absolute, uneingeschränkte Recht, alle, die ein Band von Blut und Rasse eint, in einer einzigen politischen Gemeinschaft oder einem einzigen rassisch-nationalen Staat zusammenzuführen, wozu im übrigen jedes andere Recht gebrochen werden kann [...]. 28. Die Zusammenführung zu einer einzigen politischen Gemeinschaft kann auch mit kriegerischen Mitteln durchgesetzt werden, denn das Recht des Blutes ist stärker als jedes andere; auch ist bei der gegenwärtigen Lage der Dinge eine politische Vereinigung nicht ohne Waffengewalt zu erlangen.
[*Politisches Leben und die Totalität des Staates*] III.47. Kraft der Totalität des Staates kann die öffentliche Gewalt einen Treueeid der absoluten Unterwerfung verlangen, und zwar unter Ausschluss jener Gewissensformel ‚unter dem Vorbehalt, dass Gottes Gesetz gewahrt bleibt', selbst wenn diese nur still angefügt oder mitgedacht wird.

Eine weitere Ausarbeitung bzw. Fassung vom Oktober 1936[58] enthält folgende zu verurteilende Irrtümer des „*Hypernationalismus*":

---

[58] Text: EBENDA, S. 276-281.

9. Die Nation ist sich selbst höchste Norm, und indem sie ihr eigenes Wohl anstrebt, muss sie das Recht anderer Nationen, Familien oder Menschen nicht beachten. [...]
11. Nicht einmal jene Form des nationalen Expansionismus ist zu verurteilen, nach der man fremde Nationen selbst mit Waffengewalt unterwerfen und ihre Territorien besetzen darf, auch wenn dies nur dazu dient, Ruhm und Macht der eigenen Nation zu vergrößern.
12. Der Kriegskult ist zu fördern; bewaffnete Konflikte dürfen provoziert werden, um so der Nation Gelegenheit zu geben, ihr Heldentum zu erproben und sich militärischen Ruhm zu erwerben.

In „Propositionen, die am 26. April 1937 im Konsult des Heiligen Offiziums beraten wurden"[59] und ein an sich kurz vor der Approbation stehendes ‚Verzeichnis der Irrtümer' (Syllabus) ergaben, sind zumindest noch indirekt Thesen aus der Kriegsideologie des Rassenstaates mit berücksichtigt:

3. Die Kraft der Rasse und die Reinheit des „Blutes" sind auf jede erdenkliche Art und Weise zu bewahren und zu fördern, und jedes Mittel, das hierzu nützlich und wirksam ist, ist als solches ehrbar und erlaubt.
9. Die ursprüngliche Quelle und höchste Regel der allgemeinen Rechtsordnung ist der Rasseninstinkt.
10. Der „Selektionskampf" und das „Recht des Stärkeren" verleihen im Erfolgsfall dem Sieger von selbst das Recht zu herrschen.

In der Enzyklika *Mit brennender Sorge* vom 14. März 1937 warnt das Lehramt vor einer Vergötzung von Rasse, Volk oder Staat, betont die Geltung der Gebote „unabhängig von Zeit und Raum, von Land und Rasse" und benennt nationalreligiöse Irrlehren[60]. Indessen wird die ganze Dramatik des

---

[59] WOLF, Papst & Teufel, S. 294-295.
[60] „15. Nur oberflächliche Geister können der Irrlehre verfallen, von einem nationalen Gott, von einer nationalen Religion zu sprechen, können den Wahnversuch unternehmen, Gott, den Schöpfer aller Welt, den König und Gesetzgeber aller Völker, vor dessen Größe die Nationen klein sind wie

nationalsozialistischen Angriffs auf die „Einheit des Menschengeschlechts" hier nicht herausgearbeitet. Ein Vergleich mit den umfangreichen Verurteilungsplänen des Heiligen Offiziums ergibt Leerstellen namentlich auch bei den Themen „nationaler Expansionismus" und „Kriegskult".[61]

Die bei der „allgemeinen Inquisition" vorliegenden Entwürfe bzw. Gutachten bleiben interne Dokumente. PIUS XI. veranlasst jedoch am 13. April 1938 eine „*Instruktion an katholische Universitäten und Seminare, ‚lächerliche Dogmen' zurückzuweisen*"; diese Anweisung wendet sich – ohne den Antisemitismus beim Namen zu nennen – gegen als Wissenschaft getarnte „gemeingefährliche Lehren" über „Rasse" und „Blutreinheit". Die italienischen Faschisten schicken sich im gleichen Jahr an, nach deutschem Vorbild die Juden aus dem gesellschaftlichen Leben auszuschließen. Der Papst verdeutlicht bei drei Anlässen seinen Standort[62]: „Katholisch" bedeute „allumfassend" (Docete omnes gentes; Credo sanctam catholicam Ecclesiam); der Geist des Nationalismus stehe somit im Gegensatz zum *Glaubensbekenntnis* (15. Juli 1938). „Katholisch heißt allumfassend, und nicht rassistisch, nationalistisch, separatistisch." (21. Juli) „Man vergisst, dass das Menschengeschlecht, das gesamte Menschengeschlecht, eine einzige große allumfassende Rasse ist." (28. Juli)

Als die antisemitische Gesetzgebung auch in Italien „amtlich" wird, äußert PIUS XI. in einer freien Ansprache vor belgischen Pilgern am 6. September 1938: „Bedenkt, dass Abraham, unser Patriarch, unser Vorfahr genannt wird. [...] Der Antisemitismus ist eine abstoßende Bewegung, an der

---

Tropfen am Wassereimer, in die Grenze eines einzelnen Volkes, in die blutmäßige Enge einer einzelnen Rasse einkerkern zu wollen. [...] 21. [...] Die von dem Erlöser gestiftete Kirche ist eine – für alle Völker und Nationen. Unter ihrem Kuppelbau, der wie Gottes Firmament die ganze Erde überwölbt, ist Platz und Heimat für alle Völker und Sprachen ...".
[61] Vgl. hierzu die im Heiligen Offizium erstellte „Synopse" vom April 1937 in: GODMAN, Der Vatikan und Hitler, S. 282-311.
[62] GEORGES PASSELECQ / BERNARD SUCHECKY, Die unterschlagene Enzyklika. Der Vatikan und die Judenverfolgung. Aus dem Französischen von Markus Sedlaczek. München, Wien: Carl Hanser Verlag 1997, S. 142-145. [Originalausgabe: L'encyclique cachée de Pie XI., Paris 1995.]

wir Christen keinen Anteil haben können [...]. Wir sind im geistlichen Sinne Semiten."[63] Ein Prälat notiert, der Papst habe die Paulus-Stellen zur geistlichen Abstammung von Abraham mit Tränen in den Augen zitiert.

Schon 1933 hatte die später heiliggesprochene EDITH STEIN (1891-1942) dem Papst geschrieben, eine Verantwortung für die Judenverfolgung falle „auch auf die, die dazu schweigen". Die Audienz-Äußerungen vom 6. September 1938 sind – auch hinsichtlich ihrer Wirkungsgeschichte – noch *kein* lauter päpstlicher Protest vor aller Welt! Gleichwohl lässt sich kaum übersehen, dass PIUS XI. im Jahr 1938 bezogen auf die Rassenideologie eine neue Entschiedenheit an den Tag legt. In den letzten beiden Jahren seines Pontifikats bezeichnen römische „Instanzen der katholischen Kirche den Rassismus als einen Unsinn vom Standpunkt der modernen Wissenschaft, als Apostasie oder religiöse Häresie vom Standpunkt der christlichen Lehre aus oder als Ausdruck einer totalitären Tendenz, die mit dem Naturrecht unvereinbar sei"[64].

Zu nennen ist an dieser Stelle unbedingt noch ein über Jahrzehnte nicht oder nur vage bekanntes Vorhaben, von dem 1988 erstmalig auch in einem vatikanischen Dokument die Rede ist: Im Sommer 1938 befindet sich der US-amerikanische Jesuit JOHN LA FARGE (1880-1963) auf einer Europa-Reise. In seiner Heimat ist dieser Gründer des „Catholic Interracial Council" vor allem wegen seines Kampfes gegen die Rassendiskriminierung bekannt. Am 22. Juni 1938 wird er von PIUS XI., der eine denkbar hohe Meinung von seinem Buch „Interracial Justice" hat, in die Sommerresidenz Castel Gandolfo gebeten und mit der Ausarbeitung einer Enzyklika über den Komplex Rassismus (insbesondere auch Antisemitismus) und Nationalismus beauftragt.[65] Dem völlig über-

---

[63] EBENDA, S. 160-161; vgl. WOLF, Papst & Teufel, S. 233-234.
[64] PASSELECQ/SUCHECKY, Die unterschlagene Enzyklika, S. 175.
[65] Literatur: CONZEMIUS, Propheten und Vorläufer, S. 206-218 („John La Farge – Vorkämpfer der Rassenfreiheit"); PÄPSTLICHE KOMMISSION JUSTITIA ET PAX, Die Kirche und der Rassismus, S. 8-9; MARTIN MAIER SJ, Eine versteckte Enzyklika Pius' XI.? In: Stimmen der Zeit 214. Jg. (1996), S. 279-281;

raschten, wohl auch etwas entsetzten LA FARGE werden von der Ordensleitung weitere Mitbrüder zur Seite gestellt, darunter der deutsche Regimegegner GUSTAV GUNDLACH SJ. Folgt man den Angaben von LA FARGE, so sollte die Enzyklika den Titel „Humani generis unitas" (Die Einheit des menschlichen Geschlechts) tragen, was am besten zu den oben zitierten Äußerungen PIUS' XI. passen würde. Die weit gespannte Anlage des Vorhabens geht vermutlich auf Pater GUNDLACH zurück, der hier nicht zuletzt auch seinen „Solidarismus" entfalten kann. Die „Einheit des Menschengeschlechts" erschließen bereits die „natürlichen" Zugänge (allgemeine Erfahrung[66], Philosophie, Humanwissenschaften), sodann selbstredend die „Lehre der Offenbarung" (Erschaffung des Menschen und ‚Erbschuld'; Menschwerdung und Erlösung). Die Menschen können über geschichtliche Zeiten sowie Länder-, Kultur- oder Sprachgrenzen hinweg zueinanderkommen und weisen sich nicht zuletzt durch einen gemeinsamen Lebensraum unter ihren Füßen sowie das schöne, keineswegs spezifisch christliche Phänomen der Gastfreundschaft gegenüber Fremden aus. Rassismus basiert schlicht auf Pseudowissenschaft, ist also rational betrachtet ein „Mythos" bzw. blanker Unsinn. (Impliziert wird hier, dass riesige „Wissenschafts"-Apparate

---

PASSELECQ/SUCHECKY, Die unterschlagene Enzyklika; ANTON RAUSCHER (Hg.), Wider den Rassismus. Entwurf einer nicht erschienenen Enzyklika (1938). Texte aus dem Nachlass von Gustav Gundlach SJ. Paderborn, München, Wien, Zürich: Schöningh 2001 [Digitale Ausgabe, Bayerische Staatsbibliothek 2010: http://daten.digitale-sammlungen.de/~db/0004/bsb00044829/ images/].

[66] Hier bietet sich freilich ein unübersehbares Feld von lustvollen und empathischen Zugängen an. Die Menschen können ja jenseits aller fremdbestimmten Grenzziehungen nicht nur Partnerschaften eingehen, Kinder zeugen, Bedürftige pflegen, versorgen oder schützen ..., sondern auch miteinander lachen, weinen, spielen, tanzen, musizieren, malen, denken, neue (oder alte) Sprachen finden, arbeiten (kooperieren), einander bekochen, trösten, aufmuntern und inspirieren ... (allein das wunderbare Phänomen der Sprachenübersetzung eröffnet einen geistigen Kosmos, in dem keiner an ein Ende gelangen könnte; die Universalität der noch grundlegenderen, nicht an kulturelle Codes gebundenen Menschensprache ist jedem bekannt). Schon in all diesen Zusammenhängen schließt die rassistische Ideologie ihre Opfer, wozu auch ihre ‚Anhänger' (die Täter) gehören, von einem schier grenzenlosen menschlichen Reichtum aus.

der Zeit sowie ganze Staaten bzw. Gesellschaften von einem Irrationalismus sondergleichen beherrscht werden.)

In theologischer Hinsicht zeigen die Autoren mit ihren Entwürfen zur Enzyklika, dass die Fixierung auf eine menschliche „Verderbtheit" (DONOSO CORTÉS) sich bei der Vermittlung des Glaubenssatzes von der Einheit der menschlichen Familie offenkundig nicht durchgesetzt hat. Die Passagen zum *Antisemitismus* überzeugen allerdings in keiner der veröffentlichten Manuskriptfassungen, was mit Blick auf die Zeit der Niederschrift und ältere Publikationen des federführenden Ordensmannes niemanden verwundern muss.[67] Der Krieg wird als naturwidriger „Massenverbrauch von Erdengütern" und als „Attentat auf die Lebensbasis der Familien der Welt" thematisiert[68], wobei der Text leider den internen Erkenntnisstand des Heiligen Offiziums zur Kriegsideologie des „NS-Rassenstaates" (s.o.) nicht einholt:

Ein neuer Krieg droht mit einer noch größeren Massenvergeudung von Erdengütern; in der Aufrüstung ist sie schon eingeleitet. Nicht, dass Wir die evidente wirtschaftliche Nichtrentabilität eines Krieges für alle Teile gegen ihn ins Felde führen wollen, denn dieser rein utilitaristische Gedanke ist kein durchschlagender Beweis. Aber Wir wollen im Namen der Millionen von Familien der ganzen Welt in diesem Zusammenhang gegen den Krieg protestieren, weil er mit Sicherheit ihnen die einheitliche, der Menschheit vom Schöpfer gegebene Grundlage des physischen Lebens noch weiter zerstört und das natürliche Nutzungsrecht aller an den Gütern der Erde noch weiter aushöhlt. Wir protestieren gegen den Krieg im Namen

---

[67] Die Autoren wollen unmissverständlich den „Rassen-Antisemitismus" anprangern, und die diesbezüglichen knappen Ausführungen hätten für sich genommen wohl auch gute Wirkungen zeitigen können. Hierfür wäre es jedoch erforderlich gewesen, alle von einer unseligen „antijudaistischen" Tradition zeugenden Passagen wieder zu streichen.

[68] Vgl. die Ziffern 107-109 des Entwurfs aus dem Gundlach-Nachlass: RAUSCHER (Hg.), Wider den Rassismus, S. 130-131. – Leider hat Pater GUSTAV GUNDLACH SJ die Grenzen seiner „naturrechtlichen Friedensethik" zwei Jahrzehnte später durch wahnwitzige Ausführungen zum Atomwaffeneinsatz (Stimmen der Zeit, April 1959) selbst aufgezeigt.

aller, besonders der schon heute mit schwersten Sorgen bedrückten Familienvater und Familienmütter, die allüberall und in allen Sprachen beten und dieses Gebet vor allem im großen Opfer am Altar wiederholen: „unser tägliches Brot gib uns heute".

Als PIUS XI. am 10. Februar 1939 stirbt, ist eine Ansprache, die er am Folgetag halten will, schon gesetzt: „Ja: Jubelt, glorreiche Gebeine der Apostelfürsten, der Jünger und Freunde Christi [...]. Bekennt, verehrte und teure Gebeine, allen Völkern die Ankunft oder die Rückkehr zur Religion Christi, allen Nationen, allen Rassen, alle verbunden und blutsverwandt durch das gemeinsame Band der großen Menschenfamilie. Bekennt [...] Frieden, Frieden, Frieden für diese ganze Welt [...]."[69] Diese Ansprache bleibt unveröffentlicht. Auch das Vorhaben einer Enzyklika *„Humani generis unitas"* wird nicht weiterverfolgt.

Jedenfalls enthält das erste Lehrschreiben des Nachfolgers PIUS XII. (EUGENIO PACELLI) – niedergeschrieben im Wissen um die jüngste Schreckenskunde vom Krieg – keine expliziten Passagen zum Rassismus. Es gibt jedoch in dieser Enzyklika *„Summi pontificatus"* vom 20. Oktober 1939 ein langes Kapitel über „das Gesetz der Solidarität und Liebe zwischen den Menschen [...], gleichviel welchen Volkes" (Nr. 35-50). Unter Berücksichtigung von „naturrechtlichen" Gesichtspunkten und Offenbarung (gemeinsamer Ursprung in Gott, übernatürliche Bestimmung aller) wird die „Wahrheit, welche die Menschen in einer großen Familie brüderlich eint", entfaltet. Die Völker sollen „durch die Mitteilung ihrer besonderen Gaben und durch den gegenseitigen Austausch ihrer Werte" die Einheit des Menschengeschlechtes „reicher und schöner gestalten" (Nr. 43)! „Mitten in der Zerrissenheit und Gegensätzlichkeit, die die Menschheitsfamilie spalten",

---

[69] Text des erst später von JOHANNES XXIII. bekannt gemachten Lobpreises: WOLF, Papst & Teufel, S. 236. – Die Bezugnahme auf die *leiblichen* ‚Repräsentationen' der aus Israel stammenden Apostelfürsten darf nicht zu schnell überlesen werden. Entscheidend ist der sämtlichen völkischen Ideologien entgegengesetzte Verweis auf die ‚Blutsverwandtschaft' aller „durch das gemeinsame Band der großen Menschenfamilie".

kündigt PIUS XII. die bevorstehende Bischofsweihe von „zwölf Vertretern der verschiedensten Völker und Stämme" an und verweist auf die „Predigt des Völkerapostels": „Zieht den neuen Menschen an, der das Bild seines Schöpfers trägt und zu ganz neuer Erkenntnis führt. Da heißt es nicht mehr Heide oder Jude, Beschnittener oder Unbeschnittener, Barbar oder Scythe, Sklave oder Freier: Christus ist alles und in allen" (Nr. 48). Die Beachtung des „Gesetzes der allumfassenden Liebe" und eine Kenntnis der Grenzen der Staatsgewalt sind unabdingbar für „das Wohl der Nationen und den Fortschritt der großen menschlichen Gesellschaft, die in ihrem Schoß alle Völker umspannt" (Nr. 52).

8.
„Pacem in terris", Weltkirche und Vereinte Nationen: Dienst an der Einheit der menschlichen Familie

Für die Zeit nach Ende des zweiten Weltkrieges sei hier eine durchaus beachtenswerte regionale Notiz zum ‚Glaubenssinn' an der Basis mitgeteilt: THEODOR PRÖPPER (1896-1979), Kirchenmusiker in einer südwestfälischen Kleinstadt und Vater des römisch-katholischen Dogmatikers THOMAS PRÖPPER (1941-2015), stellt in einer Programmschrift für den Neuaufbau seiner Heimat dem zurückliegenden Rassenwahn wörtlich *„das Dogma von der Einheit des Menschengeschlechtes"* entgegen.[70] Auf der Leitungsebene der Weltkirche erkennt ausgerechnet ein neuscholastischer ‚Inquisitor' wie ALFREDO OTTAVIANI (1890-1979) am schärfsten, dass im Zeitalter der modernen Massenvernichtungstechnologie die überkommene Lehre vom sogenannten „Gerechten Krieg" in eine Sackgasse führt: „Bellum omnino est interdicendum" (Jeglicher Krieg ist zu untersagen).[71]

Im Oktober 1962 steht die Welt – wie schon nach Eskalation des ‚Korea-Konfliktes' (1950-1953) in ein hochtechnologisches Massenmorden[72] ohne jede Grenze – erneut am Rand eines

---

[70] THEODOR PRÖPPER, Franz Hoffmeister, der Wächter sauerländischen Volkstums. Leben und Werk. Paderborn: Bonifacius 1949, S. 164.
[71] Das Beispiel zeigt, wie sich ein Theologe gerade aufgrund seiner überaus strengen Traditionstreue vom modernen Kriegsapparat nicht korrumpieren lässt. Die glückliche Rolle, die Kardinal A. OTTAVIANI auf dem II. Vatikanischen Konzil bezogen auf die *Behandlung des Krieges* einnehmen wird, verweist erneut ein striktes Lagerdenken in seine Grenzen.

Atomkrieges. JOHANNES XXIII. beschwört in einer Radioansprache die Mächtigen: „Mit der Hand auf dem Herzen mögen sie den Angstschrei hören, der aus allen Teilen der Welt [...] zum Himmel aufsteigt: Friede, Friede!" Dieser Papst wird am 11. April 1963 in seiner Enzyklika „*Pacem in terris*" (Frieden auf Erde: Lukas 2,14) die Charta der Vereinten Nationen (1945), welche zwischenstaatliche Gewalt überhaupt ächtet, theologisch als „Zeichen der Zeit" würdigen! Ebenso gilt ihm die Allgemeine Erklärung der Menschenrechte (1948) als „ein Akt von höchster Bedeutung". Die Enzyklika enthält ein nachdrückliches Bekenntnis gerade auch zu den *sozio-ökonomischen* Menschenrechten: Denn „der Mensch hat das Recht auf Leben, auf die Unversehrtheit des Leibes sowie auf die geeigneten Mittel zu angemessener Lebensführung. Dazu gehören Nahrung, Kleidung, Wohnung, Erholung, ärztliche Behandlung und die notwendigen Dienste, um die sich der Staat gegenüber den einzelnen kümmern muss." Die Option für den Frieden soll „vor allem den Schwächsten unter den Menschen" dienen. Die Menschenwürde der Frauen, Minderheiten, Arbeiter, Flüchtlinge, Migranten oder „rassisch" Diskriminierten ist von ihr nicht zu trennen. JOHANNES XXIII. klagt über die entsetzlichen Folgen von Kernwaffenexperimenten und fordert generell, „*dass Atomwaffen verboten werden*". Aus der „schrecklichen Zerstörungsgewalt der modernen Waffen" schließt er: „*Darum ist es in unserer Zeit, die sich des Besitzes der Atomkraft rühmt, wider alle Vernunft* [alienum est a ratione; sprich: Wahnsinn], *den Krieg noch als das geeignete Mittel zur Wiederherstellung verletzter Rechte zu betrachten.*" (Nr. 67)

In „*Pacem in terris*" wird klargestellt, dass die zivilisatorische Errungenschaft des kodifizierten Menschen- und Völkerrechtes die *Kirche* zutiefst angeht. Alle Menschen sind gleichberechtigte Mitglieder der universalen Menschheitsfamilie (Nr. 25). Es darf „keine Völker mehr geben, die über an-

---

[72] In Folge der unter Berufung auf ein UNO-Mandat (!) mit neuen ‚konventionellen' Waffen durchgeführten flächendeckenden Luftbombardements über Nordkorea fanden zwei Millionen oder mehr Menschen den Tod. Eine vergleichbar dichte Totalverwüstung und Menschenvernichtung durch Luftangriffe gibt es in der Geschichte sonst nicht.

dere herrschen" (Nr. 25). Alle Staaten sind gleichgestellt (Nr. 86). Kein Überlegener hat das Recht, andere „irgendwie von sich abhängig machen" (Nr. 87; vgl. Nr. 124 und 125). Wer andere ungerecht bedrückt, zählt zu jenen Staatsgebilden, die mit Augustinus als „große Räuberbanden" zu bezeichnen sind (Nr. 92). Der „Einheit der menschlichen Schicksalsgemeinschaft" entspricht das *universale Gemeinwohl*, „welches die gesamte Menschheitsfamilie angeht" (Nr. 132). Technologische Fortschritte können „die Menschen der ganzen Erde zu immer größerer Zusammenarbeit und innerer Verbundenheit" führen (Nr. 130; vgl. Gaudium et spes Nr. 23,1). – Hier werden wir heute noch deutlicher die Kehrseite benennen müssen: Die Technologien können aber auch von den Gegnern einer partnerschaftlichen globalen Kommunikation so instrumentalisiert werden, dass sie im Widersinn eine noch größere Zerrissenheit der Menschheit bewirken.[73] – Die Beziehungen zwischen Menschen und Völkern sollen nicht auf einem Gesetz der Angst basieren, sondern der Liebe folgen (Nr. 67). „*Pacem in terris*" ist der maßgebliche Meilenstein für den Weg einer Weltkirche mit geöffneten Fenstern, dem wir hier freilich nur in fragmentarischen Erinnerungsbausteinen nachgehen können.

Die „Humani generis unitas" kommt 1965 auf eine unerhört neue Weise zur Sprache in der Konzilserklärung „*Nostra aetate*", die das Verhältnis der Kirche zu den jüdischen Geschwistern und den anderen Religionen behandelt:

1. In unserer Zeit, da sich das Menschengeschlecht von Tag zu Tag enger zusammenschließt und die Beziehungen unter den verschiedenen Völkern sich mehren, erwägt die Kirche mit um so größerer Aufmerksamkeit, in welchem Verhältnis sie zu den nichtchristlichen Religionen steht. Gemäß ihrer Aufgabe, Einheit und Liebe unter den Menschen und damit auch unter den Völkern zu fördern, fasst sie vor allem das ins Auge, was den Menschen gemeinsam

---

[73] Leider gilt heute noch dringlicher als 1991 die Feststellung von JOHANNES PAUL II: „Der wissenschaftliche und technologische Fortschritt, der zum Wohlergehen des Menschen beitragen sollte, wird zum Instrument für den Krieg." (*Centesimus annus*, Nr. 18)

ist und sie zur Gemeinschaft untereinander führt. – Alle Völker sind ja eine einzige Gemeinschaft, sie haben denselben Ursprung, da Gott das ganze Menschengeschlecht auf dem gesamten Erdkreis wohnen ließ; auch haben sie Gott als ein und dasselbe letzte Ziel. Seine Vorsehung, die Bezeugung seiner Güte und seine Heilsratschlüsse erstrecken sich auf alle Menschen, bis die Erwählten vereint sein werden in der Heiligen Stadt, deren Licht die Herrlichkeit Gottes sein wird; werden doch alle Völker in seinem Lichte wandeln. [...] Die Menschen erwarten von den verschiedenen Religionen Antwort auf die ungelösten Rätsel des menschlichen Daseins, die heute wie von je die Herzen der Menschen im tiefsten bewegen [...]. 2. Die katholische Kirche lehnt nichts von alledem ab, was in diesen Religionen wahr und heilig ist. [...]
5. Wir können aber Gott, den Vater aller, nicht anrufen, wenn wir irgendwelchen Menschen, die ja nach dem Ebenbild Gottes geschaffen sind, die brüderliche Haltung verweigern. Das Verhalten des Menschen zu Gott dem Vater und sein Verhalten zu den Menschenbrüdern stehen in so engem Zusammenhang, dass die Schrift sagt: „Wer nicht liebt, kennt Gott nicht" (1 *Joh* 4,8). – So wird also jeder Theorie oder Praxis das Fundament entzogen, die zwischen Mensch und Mensch, zwischen Volk und Volk bezüglich der Menschenwürde und der daraus fließenden Rechte einen Unterschied macht. – Deshalb verwirft die Kirche jede Diskriminierung eines Menschen oder jeden Gewaltakt gegen ihn um seiner Rasse oder Farbe, seines Standes oder seiner Religion willen, weil dies dem Geist Christi widerspricht.

Mit dogmatischer Wucht versteht sich die Kirche des Zweiten Vatikanischen Konzils in der Konstitution *„Lumen gentium"* als „Sakrament, das heißt Zeichen und Werkzeug für die innigste Vereinigung mit Gott wie für die Einheit der ganzen Menschheit" (Nr. 1). Dies jedoch wird in der Konstitution *„Gaudium et spes"* (Nr. 2-3) wesentlich unter das Vorzeichen des Dienens gestellt, wobei sich das Konzil „an alle Menschen schlechthin" wendet – vor Augen „die ganze Menschheitsfamilie mit der Gesamtheit der Wirklichkeiten, in denen sie lebt; die Welt, der Schauplatz der Geschichte der Menschheit, von ihren Unternehmungen, Niederlagen und Siegen geprägt". Das in Christus geeinte Volk Gottes bekundet seine „Verbundenheit, Achtung und Liebe gegenüber der ganzen Menschheitsfamilie, der es ja selbst eingefügt ist", vorzüglich „dadurch, dass es mit ihr in einen Dialog" eintritt und „der Menschheit die aufrichtige Mitarbeit" anbietet „zur Errichtung jener brüderlichen Gemeinschaft aller", die der Berufung des Menschen entspricht. Gleichermaßen ist von „Hoffnung und Angst" zu sprechen: „Die Welt spürt lebhaft ihre Einheit und die wechselseitige Abhängigkeit aller von allen in einer notwendigen Solidarität und wird doch zugleich heftig von einander widerstreitenden Kräften auseinandergerissen" (Nr. 4). Zu „große wirtschaftliche und gesellschaftliche Ungleichheiten zwischen den Gliedern oder Völkern in der einen Menschheitsfamilie erregen Ärgernis; sie widersprechen der sozialen Gerechtigkeit, der Billigkeit, der Würde der menschlichen Person und dem gesellschaftlichen und internationalen Frieden" (Nr. 29).

Die „Einheit des Menschengeschlechts" ist also mitnichten so etwas wie ein platonisches Ideengebilde. Die globale Dimension der „Sozialen Frage" kommt nach dem Konzil denkbar unmissverständlich in der Enzyklika *„Populorum progressio"* (1967) von PAUL VI. zur Sprache: Einen „Fortschritt der gesamten Menschheitsfamilie" kann es nicht geben ohne Gerechtigkeit in den kulturellen und ökonomischen Beziehungen zwischen den Völkern und eine Entwicklung, die all ihren Gliedern das tägliche Brot sichert. Das aus der Ungerechtigkeit resultierende Elend bedroht den Frieden und ist selbst Erweis von Unfrieden. PAUL VI., der noch während des Konzils eine Friedensreise zur UNO unternommen hat, spricht von der „Notwendigkeit [...], allmählich zur Errichtung einer die Welt umfassenden Autorität[74] zu kommen,

---

[74] Vgl. auch *„Gaudium et spes"* Nr. 82: „Es ist also deutlich, dass wir mit allen Kräften jene Zeit vorbereiten müssen, in der auf der Basis einer Übereinkunft zwischen allen Nationen jeglicher Krieg absolut geächtet werden kann. Das erfordert freilich, dass eine von allen anerkannte Weltautorität eingesetzt wird, die über wirksame Macht verfügt, um für alle Sicherheit,

die imstande ist, auf der rechtlichen wie auf der politischen Ebene wirksam zu handeln".

Nach Ende des Kalten Krieges sah JOHANNES PAUL II. nicht nur die Gefahr, dass der westliche Kapitalismus – als vermeintlicher Sieger im Systemstreit – sich notwendigen Veränderungen verweigern würde. Er nahm auch wachsam wahr, was sich unter der Parole „New World Order" mit dem Golfkrieg 1991 anbahnte, und schrieb in seiner Enzyklika *„Centesimus annus"* vom 1. Mai 1991: „Ich selber habe anlässlich des jüngsten dramatischen Krieges im Persischen Golf den Ruf wiederholt: ‚Nie wieder Krieg'! Nein, nie wieder ein Krieg, der das Leben der Unschuldigen vernichtet; der töten lehrt und das Leben derer, die töten, gleichfalls zerstört; der eine Dauerspur von Zorn und Hass zurücklässt und die gerechte Lösung jener Probleme, die ihn ausgelöst haben, erschwert!" (Nr. 52) Wegweisend bleibt für die Weltkirche, wie dieser Papst im gleichen Rundschreiben erneut die Konzilserklärung „Nostra aetate" beim Wort genommen hat: „Ich bin nämlich überzeugt, dass den Religionen heute und morgen eine herausragende Rolle für die Bewahrung des Friedens und für den Aufbau einer menschenwürdigen Gesellschaft zufallen wird." (Nr. 60)[75]

Anfang 2003 machte sich JOHANNES PAUL II. „zum Sprecher einer weltweiten öffentlichen Meinung gegen den Irakkrieg"; hierbei ging es auch wieder um die Frage, ob „die zukünftige Gestaltung der Weltordnung" auf „dem Völkerrecht und den Menschenrechten mit den Vereinten Nationen als höchster Autorität"[76] basieren soll oder auf dem Hegemonialstreben einer hochgerüsteten Supermacht. Der Limburger Bischof FRANZ KAMPHAUS predigte damals am 8. Februar 2003 auf dem Frankfurter Römerberg: „Der Gott, an den wir glauben, ist kein Kriegsgott, kein Gott einer bestimmten Armee, kein

---

Wahrung der Gerechtigkeit und Achtung der Rechte zu gewährleisten."
[75] Die Einladung zu einem ersten „Weltgebetstreffen für den Frieden" nach Assisi hat JOHANNES PAUL II. schon 1986 ausgesprochen.
[76] MARTIN MAIER SJ, Ächtung des Krieges. In: Stimmen der Zeit. Heft 4, April 2003. http://www.stimmen-der-zeit.com/zeitschrift/archiv/beitrag_details?k_beitrag=1649643 &k_produkt=1832690

Gott nur einer Nation. Er ist der Gott und Vater aller Menschen in Süd und Nord, in Ost und West, im Irak und in Amerika. Sie alle sind seine Geschöpfe. Niemand soll sich daher auf Gott berufen, wenn er zum Krieg rüstet." Eine Woche später demonstrierten Millionen Menschen simultan in vielen Städten der ganzen Erde – dies gilt als bislang *größte Friedensdemonstration der gesamten Geschichte. Heute erkennen auch Menschen, die dem Pazifismus denkbar fernstehen, dass die militärisch-ökonomische* „New World Order"-Doktrin nichts als explosive Gewaltkomplexe produziert und die – regionalen wie globalen – Folgen mehr als nur eine Generation treffen. Der Krieg verbaut der Menschheit die Zukunft.

Im Jahr 2008 hat BENEDIKT XVI. in New York vor den Vertretern der Vereinten Nationen seine Hoffnung zum Ausdruck gebracht, dass die UNO „immer mehr als *Zeichen der Einheit* zwischen den Staaten und *als Instrument des Dienstes an der gesamten Menschheitsfamilie* dienen möge".[77] (Man kann hier eine gewisse Entsprechung zum Dienst der Kirche an „Einheit der ganzen Menschheit", wie er in der Konzilskonstitution „Gaudium et spes" zum Ausdruck kommt, kaum überlesen.) In dieser Ansprache, in der es um die *„Anerkennung der Einheit der Menschheitsfamilie"* und die *„Bedürfnisse der Menschheitsfamilie"* geht, werden die von den Vereinten Nationen aufgestellten universalen Ziele ausdrücklich als entscheidender Teil des *„Gemeinwohls der Menschheitsfamilie"* verstanden.

Durchaus neue Akzente weist die theologische Betrachtung der „Humani generis unitas" auf, die BENEDIKT XVI. in seiner Enzyklika *„Caritas in veritate"* (2009) vermittelt: „Die Einheit des Menschengeschlechts, eine brüderliche Gemeinschaft jenseits jedweder Teilung, wird aus dem zusammenrufenden Wort Gottes, der die Liebe ist, geboren." (Nr. 34) „Die christliche Offenbarung über die Einheit des Menschengeschlechts setzt eine metaphysische Interpretation des *huma-*

---

[77] BENEDIKT XVI., Ansprache bei der Organisation der Vereinten Nationen, New York 18.4.2008. http://w2.vatican.va/content/benedict-xvi/de/speeches/2008/april/documents/hf_ben-xvi_spe_20080418_un-visit.html (kursive Hervorhebungen nachträglich).

num voraus, in dem die Fähigkeit zur Beziehung ein wesentliches Element darstellt. Auch andere Kulturen [sic!] und Religionen lehren Brüderlichkeit und Frieden und sind daher für die ganzheitliche Entwicklung des Menschen von großer Bedeutung." (Nr. 55)

Unter dieser Voraussetzung ist im Dialog mit den anderen selbstredend die Frage zu stellen: Wie steht ihr zur Einheit des Menschengeschlechts, welche Bedeutung und welcher Stellenwert kommen ihr in euren Traditionen zu, wie könnt ihr uns alle in dieser Frage beschenken? In der koranischen Tradition sind das Lebensrecht jedes Menschen und die Achtung der gesamten Menschheit untrennbar miteinander verbunden.[78] Der Prophet Mohammed sagt in seiner Abschiedsrede: „Oh Menschen! Wisst, dass euer Herr einzig und euer Vater einzig ist. Wisst, dass es keinen Unterschied zwischen einem Araber und einem Nicht-Araber gibt. Es gibt keinen Unterschied zwischen einem Weißen und einem Schwarzen, außer im Erbarmen."[79] Die Wahrheit der wechselseitigen Verbundenheit aller und das universale Mitgefühl stehen schon ein halbes Jahrtausend vor unserer Zeitrechnung im Zentrum der Lehre Buddhas.[80]

---

[78] Sure 5, Vers 32: „Wenn jemand einen Menschen tötet, so soll es sein, als hätte er die ganze Menschheit getötet. Und wenn jemand einem Menschen das Leben erhält, so soll es sein, als hätte er der ganzen Menschheit das Leben erhalten."

[79] Ein Internettext nach einer Schrift der Bilal-Moschee Aachen vom Mai 1994 enthält folgenden Passus zur einen Menschheit: „Der Islam lehrt die Einheit der gesamten Menschheit. Er betont, dass Unterscheidungen nach Rassen, Hautfarben, Sprachen usw., niemals den Grund für Überlegenheitsansprüche einer Gruppe gegenüber einer anderen bilden können. Die einzige, wirkliche Unterscheidung zwischen den Menschen ergibt sich auf geistig sittlicher Ebene, nämlich die Unterscheidung nach Rechtschaffenheit und Gottesehrfurcht.(49/12)". (http://islam.de/72_print.php)

[80] Geradezu wie ein roter Faden zieht sich das Zeugnis für die Einheit der Menschheit z.B. durch das folgende Buch: DALAI LAMA, Der Weg zum Glück. Sinn im Leben finden. Hg. Jeffrey Hopkins. Freiburg i.Br.: Herder 2002. („Ich reise von Land zu Land mit diesem Gefühl der Gleichheit und Einheit. Ich habe meinen Geist über Jahrzehnte geschult. Daher gibt es keine Barrieren, wenn ich Menschen verschiedener Kulturen treffe. Ich bin davon überzeugt, dass wir grundsätzlich alle gleich sind, trotz verschiedener Kulturen und unterschiedlicher politischer und wirtschaftlicher Systeme. Je mehr Menschen ich treffe, desto stärker wird meine Überzeugung, dass

Es wäre übrigens ein Glaubwürdigkeitserweis zugunsten der in diesem Abschnitt angeführten Zeugnisse aus der Weltkirche, wenn die *Kraft der Gewaltfreiheit* (und des gewaltfreien Widerstandes gegen Unrecht) noch viel deutlicher als zentrales Thema der kirchlichen Lehrtradition zum Vorschein käme. Denn der Glaubenssatz von der Einheit des Menschengeschlechts, wie er auch in „*Caritas in veritate*" vermittelt wird, zielt auf das Ende jeglichen Denkens in den Kategorien der Feindschaft und berührt das innerste Wesen von „Nonviolence".

FRANZISKUS, Bischof von Rom, lenkt in der Gegenwart den Blick auf die Zukunft des Lebens auf unserem Planeten, welcher „der ganzen Menschheit gehört und für die ganze Menschheit da ist" (*Evangelii gaudium*, Nr. 190). Mit der Gründung der UNO im Jahr 1945 war ein Aufbruch verbunden, doch ein großes Dankesfest des Erdkreises ist im siebzigsten Jahr ihres Bestehens noch nicht gefeiert worden. Ein neuer – zivilisatorischer – Aufbruch tut Not: „Seit der Mitte des vergangenen Jahrhunderts und nach Überwindung vieler Schwierigkeiten hat sich allmählich die Tendenz durchgesetzt, den Planeten als Heimat zu begreifen und die Menschheit als ein Volk, das ein gemeinsames Haus bewohnt. Eine interdependente Welt [...] bedeutet in erster Linie, dafür zu sorgen, dass die Lösungen von einer globalen Perspektive aus vorgeschlagen werden und nicht nur der Verteidigung der Interessen einiger Länder dienen. Die Interdependenz verpflichtet uns, an *eine einzige Welt*, an *einen gemeinsamen Plan* zu denken. [...]." (*Laudato si'* Nr. 164)

---

die Einheit der Menschheit, gestützt auf Verständnis und Respekt, eine realistische und lebensfähige Grundlage für unser Verhalten darstellt. – Wohin ich auch immer gehe, ist es das, worüber ich spreche. Ich glaube, dass die Übung von Mitgefühl und Liebe ein aufrichtiges Gefühl für Bruderschaft und Schwesternschaft – die allumfassende Religion ist. Es kommt nicht darauf an, ob Sie Buddhist, Christ, Moslem oder Hindu sind oder ob Sie überhaupt eine Religion ausüben. Worauf es ankommt, ist Ihr Gefühl der Verbundenheit mit der Menschheit.")

Holzkiste auf dem Fest einer Initiative „world in union" (2015).

9.
Ein Dogma als Fest für den ganzen bewohnten Erdkreis

In den Lehrdokumenten der Weltkirche hat sich seit dem ersten Weltkrieg schrittweise die Vorstellung von einer „Weltautorität" herausgebildet, deren völkerrechtliche Grundlage und deren Dienst am Gemeinwohl der Menschheitsfamilie von allen anerkannt werden. Schon allein aufgrund des Subsidiaritätsprinzips verbietet es sich, hier auch nur entfernt an das Schreckgespenst eines allmächtigen und zentralistischen Weltstaates zu denken. Gewiss ist hingegen, dass die Organisation der Vereinten Nationen einer tiefgreifenden *demokratischen* Reform bedarf. Seit ihrem Bestehen hat die UNO mehr als einen Krieg – und möglicherweise sogar einen dritten Weltkrieg – verhindert. Schaut man sich hingegen z.B. ihr Budget an und die mit den Finanzierungsmodalitäten einhergehenden Abhängigkeiten, so tritt Ernüchterung ein.[81] Die notorischen Verächter des Völkerrechts sind bekannt, doch sie scheinen keiner internationalen Gerichtsbarkeit zu unterliegen. Selbst auf Kongressen der Friedensforschung nehmen einseitig militärisch angelegte und nachweislich missbräuchliche Konzepte wie die sogenannte „Schutzverantwortung"[82] einen breiten Raum ein, während so gut wie niemand z. B. an eine völkerrechtlich verbindliche Verantwortung zur Ernährung der Hungernden[83] (Responsibilty To

---

[81] ANDREAS ZUMACH, 70 Jahre Vereinte Nationen: Die UNO muss reformiert werden. taz, 26.06.2015. http://www.taz.de/!5206941/
[82] Vgl. aus friedenskirchlicher Perspektive den konstruktiv-kritischen Beitrag von J. JAKOB FEHR, Die Pflicht, sich mit dem Bösen auseinanderzusetzen. Eine Kritik an „Responsibility to Protect" aus der Sicht von Church and Peace. epd-Dokumentation Nr. 26/2012, S. 32-40. http://www.dmfk.de/fileadmin/downloads/Schutzverantwortung%20-%20Ch%2BP%20Reaktion%20-%20JFehr.pdf

Feed) denkt. Allein dies beweist, wie weitgehend das *Diktat des irrationalen Kriegsdenkens* den völkerrechtlichen Diskurs der Gegenwart bestimmt und dass es um die Rettung von Menschenleben hierbei gewiss nicht geht.

Aus kirchlicher Sicht betreffen die drängenden Fragen der Völkerwelt mitnichten nur einen „naturrechtlichen Vorraum", der die Theologie noch gar nicht berührt. Deshalb sollte es uns endlich zum Problem werden, dass die geistige und kulturelle Verankerung eines Bewusstseins von den Vereinten Nationen in den Gesellschaften der Erde *und* in den Kirchen kaum entwickelt ist. Am *Fest der Gesetzesfreude* tanzen und singen die frommen Juden. Sie danken Gott fröhlich für die Weisung zum guten Leben; sie wissen: Gerechtigkeit lernt der Mensch in einem gerechten Gemeinwesen. Müsste nicht analog auch eine alle berührende „Schönheit des Völkerrechts" bedacht werden, da die Zivilisation nach dem Abgrund von zwei Weltkriegen durch die Vision der Vereinten Nationen doch erst wieder eine Perspektive jenseits von Massengräbern gewinnen konnte?

Gewiss, das Völkerrecht ist in erster Linie Gegenstand einer – *höchst* achtbaren – Wissenschaft. Doch in dieser Wissenschaft können Fragen des allgemeinen Rechtsbewusstseins, der völkerrechtlich sensibilisierten Friedenspädagogik und also der Wirksamkeit von Rechtsnormen nicht ausgeklammert werden. Das Recht der Völker und die Vereinten Nationen müssen lebendig in der Weltgesellschaft verankert sein. Dies ist – neben vielem anderen – durchaus auch eine *ästhetische* Angelegenheit, und nichts spricht dagegen, dass auch Christen sich in ihren Gemeinden dieser Sache annehmen. Nationalflaggen im Kirchenraum entsprechen weder unserer Tradition, noch zeugen sie von einem guten Ge-

---

[83] Vgl. LIDIJA CHRISTMANN, Menschenrecht auf Nahrung. Dossier „Welternährung" der Bundeszentrale für politische Bildung, 12.06.2014. http://www.bpb.de/internationales/ weltweit/welternaehrung/178491/menschenrecht-auf-nahrung . (Weitere Schauplätze, auf denen man – ohne Erzielung von Rüstungsprofiten – mit *rational* überprüfbaren Konzepten wirklich Menschenleben retten könnte, sind Legion. Ca. 15 Millionen Weltbürgerinnen und Weltbürger mit HIV-Infektion verfügen über keinen Zugang zu antiretroviralen Medikamenten.)

schmack. Durchaus als katholisch gelten könnte hingegen ein Symbol in Gemeinderäumen des ganzen Erdkreises, das unseren Planeten und den Kreis der gemeinsamen – jedoch nicht uniformen – Menschheit zeigt. Fast noch näherliegender ist die Frage, wo wir der „Humani generis unitas" auch in der *Liturgie* begegnen.[84]

Der Theologe HUBERT WOLF bemerkt in einer 2008 veröffentlichten Arbeit scheinbar beiläufig, es „hätte eine Erhebung des Glaubenssatzes von der Einheit des Menschengeschlechtes zum Dogma durch PIUS XI. im Gegenzug eine feierliche Verwerfung von Antisemitismus und Rassismus bedeutet"[85]. Man sollte diesen Hinweis nicht einfach als eine völlig aus der Luft gegriffene Spekulation abtun. Vor dem Hintergrund dessen, was wir heute dank der historischen Forschung über sein Pontifikat wissen, wäre es PIUS XI. vielleicht durchaus zuzutrauen gewesen, in dieser Sache schließlich sogar die höchste Verbindlichkeitsform der Verkündigung zu wählen – eine robustere Gesundheit und ein entsprechend längeres Leben vorausgesetzt. In welchem Grade die Geschichte hernach anders verlaufen wäre, können wir nicht wissen. Sicher lässt sich hingegen sagen: Sie wäre anders verlaufen! Nicht wegen eines unfehlbaren päpstlichen „*Machtwortes von oben*", sondern aufgrund der in Weltkirche und Weltgesellschaft *freigesetzten Energien* – besonders zur Solidarisierung mit den „rassisch Verfolgten", zur Umkehr von

---

[84] Nachweislich wurde dies 1938 in der Gruppe jener Jesuiten, die eine Enzyklika „Humani generis unitas" vorbereiten sollte, bedacht. Der letzte Abschnitt in der französischen „Kurzfassung" zum Vorhaben trägt die Überschrift: *„Die Einheit der Menschheit in der heiligen Messe"* (PASSELECQ/ SUCHECKY, Die unterschlagene Enzyklika, S. 288). Heute kommt die Einheit der Menschheit liturgisch am deutlichsten zum Ausdruck im leider nur selten am Altar aufgeschlagenen Eucharistischen Hochgebet „Versöhnung – der Bund des Friedens" (http://www.eucharistia.org/de/liturgy/versoh nung.html). – Bezogen auf die Gemeinschaft mit den uns *vorangegangenen* Geschlechtern gibt es eine sehr reichhaltige Tradition, an die angeknüpft werden kann. Doch wie deutlich und berührend kommt in der Liturgie die nunmehr so überlebenswichtige Verbundenheit mit den *zukünftigen* Generationen („... Abraham und seinen Nachkommen auf ewig") auf dem Planeten zum Ausdruck?
[85] WOLF, Papst & Teufel, S. 279.

Rassisten und zur Aufklärung sehr vieler Menschen guten Willens – hätte eine feierliche Verkündigung des Dogmas Gutes gewirkt. Bedeutsam ist in diesem Zusammenhang, dass der „Glaubenssatz von der Einheit des Menschengeschlechtes" für PIUS XI. eine dringliche Angelegenheit des Herzens und nicht bloß eine intellektuelle oder spekulative Frage gewesen ist. Die gleiche Dringlichkeit sollten wir heute an dieser Stelle bezogen auf die großen Fragen des dritten Jahrtausends verspüren.

Allerdings wird „Dogma" sogar von vielen frommen Christen als etwas Abschreckendes empfunden, vor allem eben als Form der *doktrinären Machtausübung* (oder als anmaßende Spekulation, mit welcher man am Ende ‚Gott darüber belehren will, wie es in seinem *Himmel* aussieht'). Diese Verschlossenheit ist auch durch eine zentralistische Kirchenideologie verursacht worden, die um die dem Dogma innewohnende „Energetik" nicht mehr weiß und gerade dadurch, dass sie auf Machtausübung setzt, am Ende nur Ohnmacht und Ratlosigkeit verbreitet. Wiederzugewinnen ist also ein Zugang, in dem das Dogma nicht mehr als etwas Totes und Bedrückendes erscheint, sondern als etwas Kraftvolles und Freisetzendes.

Ein Dogma beleuchtet die lebensspendende Schönheit des Glaubens für jeden Menschen und seine Bedeutung für die ganze menschliche Familie. Im Dogma kommt, wie die neuere Theologie sagt, die „Ankunft Gottes beim Menschen" zum Ausdruck; somit geht es um den Ernstfall – auf der *Erde*. Für die Katholizität eines Dogmas hat VINZENZ VON LÉRINS († vor 450) eine denkbar einfache Grundregel formuliert: „Was überall, immer und von allen geglaubt worden ist." In dieser Definition fehlt jedoch etwas. Das „Katholische" (griechisch: *katholikos*) erschließt sich, indem auf das Ganze geschaut wird, aber es betrifft auch jeden Menschen und die Menschheit als Ganzes zutiefst. Mit penetranten Wiederholungen hat PIUS XI. diese Bedeutungsebene, die rein gar nichts mit irgendeiner *Konfessionsbezeichnung* zu tun hat, in seiner Ansprache vom 28. Juli 1938 vor zweihundert Seminaristen in Castel Gandolfo auszusagen versucht:

„Man vergisst, dass das Menschengeschlecht, das gesamte Menschengeschlecht, eine einzige große allumfassende Rasse ist. [...] Man muss sagen, dass die Menschen vor allem eine große und einzige Gattung sind, eine große und einzige Familie von gezeugten und zeugenden Lebewesen. Auf diese Weise ist das Menschengeschlecht eine einzige, allumfassende, ‚katholische' Rasse [...]. Im Menschengeschlecht existiert eine einzige große, menschliche, allumfassende, *katholische Rasse*, eine einzige große und allumfassende Menschenfamilie, und mit ihr, innerhalb ihrer, gibt es verschiedene Varianten."[86]

Eine feierliche Verkündigung des Dogmas von der Einheit des Menschengeschlechts würde u.a. – zwangsläufig – eine faktische (Selbst-)Exkommunikation aller Rassisten, Nationalisten und Drahtzieher des Krieges bedeuten. Aber das könnte nie und nimmer der eigentliche „Festanlass" des Dogmas sein, welches doch auch den Rassisten, Nationalisten und Agenten der imperialen Kriegsreligion eine mögliche Erlösung von der Todesanbetung – den Ausbruch aus den ‚Strukturen des Ungeliebtseins' – vor Augen halten soll. Eine Erledigung aller „Hausaufgaben" im Bereich der Ethik wäre überhaupt zu wenig, wenn die gemeinsame Menschheit in einer Welt, die den Armen die zum Leben notwendigen Güter vorenthält, als *Glaubenssatz* hervortreten soll.

Wir erinnern uns an die oben angeführten Zitate Meister ECKHARTS: „Hast du dich selbst lieb, so hast du alle Menschen lieb wie dich selbst. / So lange du einen einzigen Menschen weniger lieb hast als dich selbst, so / gewönnest du dich selbst nie in Wahrheit lieb." Nicht also ist es darum zu tun, dem Einzelnen etwa eine Unterordnung unter die Belange des Kollektivs oder der Gattung zu predigen bzw. zu befehlen. Eher geht es darum, ein jedes Kind der Menschen zur wirklichen Selbstliebe zu verführen. Es gibt keine „Menschheit" als Abstraktum. Auch die unantastbare „Würde des Menschen" – viel eher als Symphonie denn als Paragraph

---

[86] Zitiert nach PASSELECQ/SUCHECKY, Die unterschlagene Enzyklika, S. 144 (beide Kursivsetzungen nachträglich).

vermittelbar – ist kein abstraktes Prinzip. Eine Bejahung der „Menschheit" ist nur möglich, weil in jedem leibhaftigen Menschen das „Ja" geboren werden bzw. ankommen kann. Sobald einem Menschen in diesem *einen* „Wort" die Schönheit seiner *Bedürftigkeit* – d.h. der tiefste Grund seiner Würde – offenbar wird, sind ihm auch schon die Würde jedes Menschen und die Schönheit der miteinander geteilten Bedürftigkeit aufgeleuchtet. Beides ereignet sich nie unabhängig voneinander und kann auch nie als Gegensatz aufgefasst werden. Diesen unlösbaren – im ursprünglichsten Sinn „sympathischen" – Zusammenhang, der bei den Mystikern zur Sprache und bereits mit dem leeren Magen des Nachbarn zum Ernstfall kommt, wird jede gute Theologie von der Einheit des Menschengeschlechts berühren.

Sprechen wir abschließend noch praktischer von jener – förmlich in der Luft liegenden – Vision, dass die katholische Weltkirche sich, den ganzen Erdkreis und die zukünftigen Generationen mit einer festlichen Verkündigung des Dogmas von der Einheit des Menschengeschlechts beschenkt.
    a. Der *Bezugsrahmen* zu Beginn des dritten Jahrtausends ist eingangs bereits skizziert worden: Globale Schicksalsgemeinschaft aller Menschen mit Blick auf die Zukunft des Lebens (Ökologische Frage); ein schon angebrochenes neues Zeitalter des Krieges (Frage der internationalen Friedensordnung); Massenelend und unaufhörlicher Hungertod auf dem Planeten trotz hinreichend vorhandener Ressourcen (extrem ungleiche Verteilung des Reichtums, planmäßige Verachtung des Gemeinwohls der Menschheitsfamilie durch eine winzige Minderheit und politische Ohnmacht angesichts der Macht ökonomischer Komplexe); die Prognose zu weiteren Flüchtlingsbewegungen (bis hin zu regelrechten „Völkerwanderungen" unter dem Vorzeichen des Klimawandels); explosive Wiederkehr des Rassismus; Instrumentalisierung der kommunikationstechnologischen Revolution, sodass – anstelle einer solidarischen Weltgesellschaft und gegenseitiger Befruchtung – eine noch größere Zerrissenheit auf der Erde droht ... Den Abgründen der ökonomisch-imperialen „Globalisierung der Gleichgültigkeit" steht die – in Bibel und ältester

Kirchengeschichte verankerte – visionäre Praxis einer Globalisierung der Empathie und Solidarität entgegen: die universale „Ökumene der Compassio" (Johann Baptist Metz).

b. Das Zeugnis dieser „ganz anderen Globalisierung" für die Einheit des Menschengeschlechts kann – wie es ja längst geschieht – sich nur über eine *Bewegung von unten und im lokal-globalen Beziehungsgeflecht einer umfassenden Ökumene* den Weg bahnen. Im Raum der Weltkirche geht es unbedingt um den lebendigen Glaubenssinn aller Getauften, keineswegs nur um eine „theologische Verständigung" aller Ortsbischöfe des Erdkreises. Da das Zeugnis alle Menschen betrifft, werden die Verständigen nicht nur die ganze Christenheit[87] sowie die jüdischen und muslimischen Geschwister, sondern alle Religionen und Bewegungen der Ökumene und schließlich eben alle Menschen um Rat, Zuspruch und Mittun ersuchen.

c. Doch muss das Zeugnis unbedingt zum feierlich verkündeten „Dogma" werden? Verbindlichkeit und Offenheit sind keine Gegensätze. Manche meinen, die Durchsetzung des Lehrtraktates einer bestimmten Richtung – also die zwangsläufige Einengung des Horizontes auf eine Schulmeinung – wäre etwas besonders „Verbindliches". Wie schnell ist zu viel gesagt … Die Welt braucht keine Propheten, die wortreich mit großen Lettern „Die Wahrheit" in den Himmel schreiben. Gleichwohl ist eine neue Jugend dieser Erde, die sich über die willkürliche und allgegenwärtige Missachtung der gemeinsamen Menschheit empört, offen für ein Wort, das unfehlbar

---

[87] In ökumenischer Perspektive vgl. unbedingt den Beitrag: GERT RÜPPELL, Einheit ist unteilbar. Die Menschheit und ihre Einheit als Thema in der ökumenischen Diskussion zwischen 1910 und 1983. Mit einem Geleitwort von Philip Potter. (= Ökumenische Studien, Band 1). Rothenburg: Ernst Lange-Institut für ökumenische Studien e.V. 1992. Ebenso folgende Arbeit eines alt-katholischen Theologen: FRANZ SEGBERS, „… bis ans Ende der Erde" (Apg. 1,8). Imperium, Globalisierung und die Wiederentdeckung der Katholizität der Kirchen. In: Marlene Crüsemann / Carsten Jochum-Bortfeld (Hg.), Christus und seine Geschwister. Christologie im Umfeld der Bibel in gerechter Sprache. Gütersloh: Gütersloher Verlagshaus 2009, S. 241-259 („Die Universalität der Katholizität wird nicht auf eine nur räumliche Ausbreitung der Kirche bezogen, sondern auf die Anerkennung der Würde aller Menschen als Ebenbilder Gottes").

dem Leben dient. Vorzustellen ist die Wegweisung auf Zukunft hin nicht als ein doktrinärer Akt mit ausschließendem Charakter, sondern viel eher wie der *Auftakt zu einem festlichen Geschehen des ganzen Erdkreises*, das ohne Nötigung anzieht und ausstrahlt ...